D1672217

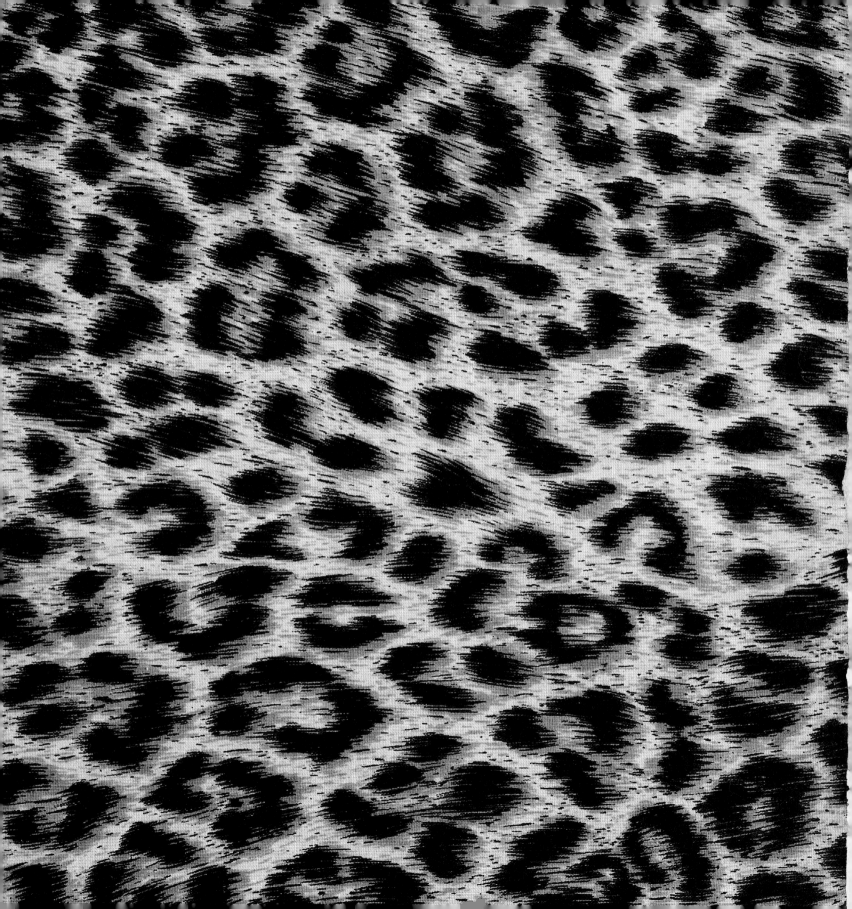

COLLECTION
ROLF HEYNE

Wolfgang Mally

JUNGLE
FOOD

Mit einer Einleitung von Amelie Fried

COLLECTION ROLF HEYNE

INHALT

EINLEITUNG

VON AMELIE FRIED

Liebe Leserin, lieber Leser,

willkommen zu einer kulinarischen Expedition in den geheimnisvollen Dschungel Sri Lankas, der so unglaublich artenreich und fruchtbar ist, dass sogar ein Besenstiel nach drei Tagen zu sprießen beginnen würde!

Der Autor dieses ungewöhnlichen Kochbuches entführt Sie in eine Welt, die in den Heiligen Schriften als Garten Eden dargestellt wird: »Die Erde war mit Blumen überdeckt, die Bäume bogen sich unter der Last der Früchte, Tausende von Tieren lebten auf den Fluren und in den Lüften, die weißen Elefanten schritten friedlich im Schatten der mächtigen Wälder dahin, und Brahma sah, dass die Zeit gekommen war, den Menschen zu erschaffen.«

Wo noch heute Zimtbäume neben Tamarinden und Kokospalmen, Brot- und Jackfruchtbäumen wachsen, wo Zitronengras und essbare exotische Blüten wuchern, wo Fische und unzählige Vogelarten gedeihen, schlummert ein Paradies für Gourmets, das nur darauf wartet, entdeckt zu werden. Die lankische Küche ist geprägt von der üppigen Großzügigkeit, mit der die Natur die Inselbewohner verwöhnt. Am Rande der Kleingärten lankischer Familien wuchern Papayas, Kürbisse, Bananen, Mangos, Vanille, Pfeffer und Kräuter; Gartenbau ist dort die Kunst, die überquellende Kraft des Dschungels zu bändigen. In einfallsreichen Rezepten verbinden sich die Zutaten zu einer Küche, in der man glaubt, den Dschungel zu schmecken:

So bei der Palmzucker-Tamarinden-Sauce: Ihre Süße stammt aus dem Blütensaft der Kithulpalme, die leicht säuerliche Note verdankt sie den, nach

getrockneter Aprikose schmeckenden Früchten des Tamarindenbaumes, der bis zu 25 Metern hoch werden und einen Umfang bis 8 Metern erreichen kann. An den vielen kleinen Seen, von denen der Dschungel durchzogen ist, gedeihen die Wildenten, mit deren Fleisch die Sauce unvergleichlich harmoniert.

Das Rezept der Kokossuppe mit würzigen Limetteneissplittern geht zurück auf König Dhutta Gamani, der nach einem glorreichen Sieg auf der Terrasse seines Palastes saß, beleuchtet von Duftlampen, umgeben von den Tierlauten des Dschungels und den zarten Frauenstimmen seiner Gemahlinnen. Seine Diener servierten ihm die Suppe in einer Kokosnussschale, die aromatischen Limettenkristalle glitzerten wie Edelsteine in einem Dschungelsee, und der König war zufrieden.

Oder nehmen wir die Hirse-Kokos-Rollen, die in einem Bambusrohr gegart werden, das mit der Machete aus dem Dschungel geschlagen wurde. Die Hibiskusblüten im Teigmantel, wo sich das zarte Aroma des Hibiskus mit der betörenden Süße des Palmblütenzuckers der Kithulpalme vereint. Oder den Kürbis in pikanter Zimtsauce, das Tamarindenschwein mit Fenchelduft, den Schwertfischauflauf im Tarotblattschälchen … welches Gericht Sie auch ausprobieren, das Aroma des Dschungels wird Sie begleiten.

Die Rezepte des vorliegenden Buches sind ebenso außergewöhnlich wie seine Entstehungsgeschichte – und wie sein Autor. Deshalb möchte ich Ihnen gerne von beidem erzählen:

Ich bin Wolfgang Mally vor fünf Jahren zum ersten Mal begegnet, und diese Begegnung ließ mich sofort zu ihm aufsehen. Kein Wunder, der Mann ist fast zwei Meter groß. Wie alle großen Menschen muss er sich herabbeugen, um mit normal oder – wie in meinem Fall – eher klein gewachsenen Menschen zu kommunizieren. Bei Wolfgang Mally wird dieses Herabbeugen zu einem Akt freundlicher und interessierter Zuwendung, sofort ist man in ein angeregtes und anregendes Gespräch vertieft. Er gehört zu den Menschen, mit denen man sich unmöglich langweilen kann, seine Neugier und Offenheit für alle Themen eröffnet immer neue Räume der Kommunikation, die man gemeinsam mit ihm durchwandert; sprechend, lachend und – essend.

Denn Mally ist ein leidenschaftlicher Koch. Zum Glück keiner von den Hobbykoch-Polizisten, in deren Küchen strengere Regeln herrschen als im Straßenverkehr. Auch keiner von den Snobs, die dem Gast Komplexe einjagen und jede Gegeneinladung unmöglich machen, weil man ihren hochexquisiten Ansprüchen ohnehin nicht gerecht werden kann. Und auch keiner von jenen, die das Kochen zelebrieren wie einen heiligen Akt und einem das Gefühl geben, man müsste ihren Kreationen mit der gleichen Ehrfurcht begegnen wie der Arbeit eines bedeutenden Künstlers.

Das verwundert umso mehr, als Wolfgang Mally Künstler i s t – und ein ziemlich bedeutender dazu. Aber das steht auf einem anderen Blatt. Oder doch nicht?

Tatsache ist, dass sich im geheimnisvollen und farbigen Dschungel von Wolfgang Mallys Leben alles miteinander verbindet, wie die Zutaten eines besonders gelungenen Menüs. Für ihn ist Kunst ein ständiges Arbeiten an der Realität, die sich dadurch auflöst und neu zusammenfügt, und Kochen die Ahnung eines Geschmackes, dem er auf die Spur kommen will. Für seine künstlerische Arbeit hat er jahrelang Feuerstellen in aller Welt fotografiert – die Orte also, an denen Menschen zusammen gekocht, gesprochen und gegessen haben. Schon 1970 komponierte er eine »Musik für Küchengeräte«, später montierte er Sound-Collagen von Kochprozessen. Eine Arbeit von 1981 heißt: »Die Verlagerung des Meeresgrundes – Eine Ursuppe kochen«, und um die »Wurzeln seiner Gedanken« sichtbar zu machen, ließ er auf seinem Kopf Weizen sprießen oder versuchte, mit Butter beschmiert und in Asche gewälzt, die Kommunikation mit einem Ahornbaum.

Auf seinen Reisen hat er mit den Menschen, die ihm begegneten, gemeinsam gekocht; so mit Joe Uson aus Mikronesien Fledermaus in Kokoscreme, oder mit La_Ath Sefamasaki auf Kauai das legendäre Kauai-Schwein in der Sandgrube. Lili aus Lockmanchau schenkte ihm ein Rezept für gedämpfte Entenfüße. Und es ist anzunehmen, dass an einigen entlegenen Orten der Welt nach seinen Rezepten gekocht wird.

Die Alchemie des Kochens wird bei Mally zur Alchemie menschlicher Kommunikation; so, wie Fleisch, Obst und Gemüse durch die Zubereitung in einen anderen Aggregatzustand geraten, verändern sich auch die anwesenden Menschen und ihre Beziehungen zueinander. Es ist ein Austausch von Eindrücken, Gedanken und Ideen, von Düften, Aromen und Geschmackserlebnissen, alles ist voneinander durchdrungen und miteinander verbunden, Kunst, Kochen und Kommunikation vereinen sich zu einer köstlichen Melange, und man verlässt die gemeinsame Kochstelle und ist nicht mehr der, der man vorher war.

Die Leidenschaft (und wohl auch die Begabung) fürs Kochen stammen aus Wolfgang Mallys, durch den Mangel der Nachkriegszeit geprägten frühen Kindheit. Glücklicherweise verfügte sein Vater über ein gewisses Talent, Nahrungsmittel zu organisieren – darunter gelegentlich auch Schweine unklarer Herkunft, deren Schlachtung und Verwurstung im Badezuber der Familie Klein-Wolfgang mit großen Augen verfolgte. Darüber hinaus war der Vater ein vorzüglicher Koch, der es liebte, mit Freunden zu essen und zu feiern. Bei der Mutter, die das knappe Geld für Kinderkleidung und Schuhe zusammenhalten musste, stieß das nicht auf ungeteilte Begeisterung. Aber gegen solche Prägung war sie machtlos: Schon Mallys Großmutter war in ihrem Heimatort Breslau für große Festgelage und Gesellschaften als Köchin verpflichtet worden.

Kein Wunder also, dass Wolfgang Mally die kulinarische Familientradition weiterpflegt, auf seine ganz eigene, besondere Weise. Auch sein Haus ist ein offenes Haus. Er und seine bezaubernde Frau Doris lassen keine Gelegenheit aus, ihre Freunde und die Freunde dieser Freunde aufs Liebevollste zu bewirten.

Und an einem dieser Abende, an dem eine Freundin aus München zu Besuch war, die einen Freund aus Sri Lanka mitgebracht hatte, der wiederum lankische Rezepte und Zutaten mitgebracht hatte, entstand die Idee für das vorliegende Buch.

Immer wieder wurde gemeinsam gekocht und getüftelt, bald sprang der Funke auf andere über, und mit einem Mal wurde das Projekt »Jungle Food« zu einer Obsession, von der Mallys gesamter Freundeskreis befallen wurde. Die größte Schwierigkeit bestand darin, die Originalzutaten und Gerätschaften zu Mallys Wohnsitz, der Balearen-Insel Formentera, zu schaffen, und so kam es im Folgenden zu den abenteuerlichsten Transaktionen:

Nimal Siri, der Freund aus Sri Lanka, brachte bei einem zweiten Besuch neben seltenen Zutaten Holzmörser, Stößel und eine Handkokosraspel aus seiner Heimat mit.

Jahel aus Israel suchte nach trockenem Maledivenfisch, fand ihn in einem russischen Laden in Tel Aviv und schickte ihn per Boten via Deutschland nach Spanien.

Der Autor Edwin O. suchte in Berlin und München nach Pandanusblättern und musste davon abgehalten werden, sie im botanischen Garten zu stehlen.

Dvora R. suchte und fand lankische Händler im deutschsprachigen Raum, sie kaufte Bananenblütenkolben, Jackfruchtsamen und Drumsticks sowie schließlich auch die raren Pandanusblätter und schmuggelte alles nach Formentera.

Filmproduzent Peter C. beschaffte nicht nur alle weltweit verfügbaren lankischen Kochbücher, sondern flog – mit einer Bestell-Liste versehen – kurzerhand nach Sri Lanka, um die fehlenden Bittu-Bambuwas, Stringhopper-Pressen und Koki-eisen zu besorgen.

Aber damit nicht genug:

Regisseur Rainer B. schenkte dem Autor ein Notebook und stellte Farblaser-drucker nebst Tonerkartuschen zur Verfügung.

Flugkapitän Peter T. nutzte seine beruflichen Sri-Lanka-Flüge, um Fotos von Marktszenen zu machen und die schwer zu beschaffenden Hopper-Pfännchen zu kaufen.

Der Designer Josi F. gestaltete nicht nur das Exposé, sondern schenkte dem Autor eine Digitalkamera, um die Kochprozesse festzuhalten, sowie eine Festplatte, um der Datenflut Herr zu werden.

Sämtliche Freunde, die jemals auf Sri Lanka waren, stellten ihre Fotos zur Verfügung.

Barbara K., die acht Jahre dort gelebt hatte, gab dem Autor ein sechsstündiges Interview und Einblick in ihre singhalesische Bibliothek.

Der Fotograf und Gourmet-Koch Andrea F. aus Rom erteilte dem Projekt seinen Segen und bot sein Haus auf Sri Lanka für Forschungsaufenthalte an.

Jutta L., die Münchener Freundin, knüpfte an eine verflossene Liebe an und gewann den lankischen Taxifahrer Samare, der in der bayerischen Landeshauptstadt lebt, als Übersetzer.

Doris Mally beschaffte alle verfügbaren Informationen aus dem Internet, außerdem kochte und räumte sie in ihrer Küche auf Formentera monatelang unermüdlich gegen die lankische Dominanz an.

Über dem »Jungle Food«-Projekt steht, wie immer bei Wolfgang Mally, das Prinzip der Kommunikation, des Austausches. Alle Beteiligten sind miteinander verbunden durch den Austausch von Daten, Informationen, Waren und Ideen, sie sammeln die Zutaten und Geräte, sozusagen die Steine und das Holz für die Feuerstelle, auf der sich jene alchemistischen Verwandlungen vollziehen, von denen niemand genau sagen kann, wohin sie führen.

In diesem Sinne ist dieses Kochbuch eine Anleitung zum Abenteuer. Was keineswegs heißt, dass die darin enthaltenen Rezepte nicht genauestens recherchiert und ausprobiert wurden. Mally ist bei allem, was er tut, radikal, und das ist wörtlich zu verstehen: Er geht so lange in die Tiefe, bis er die Wurzeln erreicht hat. So, wie er in seiner künstlerischen Arbeit den Zusammenhängen zwischen Mensch und Natur bis ins Detail nachspürt, war auch die Arbeit an diesem Kochbuch eine Forschungsreise in kulinarischer Archäologie, die ihn bis auf den Grund geführt hat.

Ich glaube nicht, dass es auf der Welt derzeit viele Menschen gibt, die über eine so profunde Kenntnis der lankischen Küche verfügen, wie Wolfgang Mally.

Aber, was bei ihm – trotz aller Sorgfalt und Genauigkeit – nie verloren geht, ist die **Lust am Schaffen und Kreieren.** Egal, ob er mit Materialien, die andere weggeworfen haben, ein Atelier baut, ob er aus einem Schiffsboden einen Tisch entwirft, oder eine vertrocknete Agave für ein Silvesterfeuer kunstvoll mit Zündschnüren präpariert – immer spürt man eine diebische Freude, einen geradezu anarchischen Spaß, der mitreißend und ansteckend wirkt. Und mit ebendiesem Spaß hat Mally das »Jungle Food«-Kochbuch komponiert, das schon beim Durchblättern Lust macht, **sich auf Expedition zu begeben,** hinein in den Dschungel der exotischen Köstlichkeiten. Allein der Anblick der fremdartigen Zutaten, der Blätter und Blüten, Kräuter und Früchte, verführt zum Blättern und Schmökern, aber was mir als Pragmatikerin ebenso gut gefällt: Die Rezepte sind sinnvoll aufgebaut, gut beschrieben und im Grunde relativ einfach nachzukochen. So richtet sich dieses Buch nicht nur an erfahrene Köche, sondern an alle, die neugierig sind und gern etwas ausprobieren. Die noch zu überraschen sind durch einen unbekannten Geschmack, ein nie erlebtes Aroma, eine ungewöhnliche Zusammenstellung. Kurz, an alle, die so kochen wie Wolfgang Mally:

Kreativ und mutig, lustvoll und leidenschaftlich.

Viel Spaß bei Ihrer kulinarischen Dschungel-Expedition wünscht Ihnen

DIE GEWÜRZE

Basilikum
(Suwede kolle)

Gilt in Sri Lanka und Indien seit Urzeiten als heiliges Kraut. In der Volksküche Sri Lankas wird es eher wenig verwendet. Dort, wo seine Vorzüge jedoch erkannt und geschätzt werden, wird es nicht selten stängelweise zum Ende der Garzeit in die Gerichte gegeben. Meist verwendet man Ocimum sanctum (heiliges Basilikum), das unserem Basilikum ähnlicher ist als das in anderen asiatischen Ländern bevorzugte Kampfer-Basilikum, das einen Anisgeschmack hat. Ocimum sanctum hingegen schmeckt zart nach Minze. Um diese Geschmacksnote annähernd zu simulieren, kann man dem bei uns verbreitetem Basilikum im Verhältnis 10:1 Minzeblättchen beimischen.

Bockshornkleesamen
(Uluhal)

sind rechteckige Samen der Pflanze Trigonella foenum graecum und gehören zur Gattung der Bohnengewächse. Wegen seines besonderen Aromas wird er gerne in vegetarischen Currys verwendet. Bockshornklee wird fast immer angebraten oder geröstet und sparsam verwendet, um seine Bitterstoffe zu mildern. Auf Sri Lanka wird er, eingeweicht und zerstoßen, auch als Bindemittel genutzt.

Bonitoflocken

Bonitoflocken sind ein gleichwertiger Ersatz für den überall auf Sri Lanka verwendeten Moldevan-Fisch. Dort werden die Fischbrocken, die bisher im deutschsprachigen Raum nicht angeboten werden, in die Speisen geraspelt und geschabt. Aufgrund der in unseren Regionen weiten Verbreitung japanischer Lebensmittelläden können wir dort die zu länglichen Spänen gehobelten Bonitofisch-Flocken kaufen. Sie geben den Speisen einen einzigartig feinen Geschmack und finden in vielen lankischen Gerichten Verwendung.

Chilis
(Miris)

Chilis sind Paprikaschoten, die in verschiedenen Farb-, Form- und vor allem Schärfevarianten auf Sri Lanka und in Europa erhältlich sind. Ein aktueller Forschungsbericht behauptet, dass beim Genuss von Chilis Endorphine im Körper morphin-ähnliche Substanzen im Hirn freisetzen. Die lankische Bevölkerung konsumiert Chilis in großen Mengen. Ein Spruch besagt, je südlicher man in Indien reist, umso heißer wird das Klima und umso schärfer das Essen – noch weiter südlich reisend kommt man nach Sri Lanka: Dort ist das Essen wie Dynamit. Es werden sehr häufig grüne Chilis (amu miris) in Gemüse-Currys verwendet. Sehr fein geschnittene grüne Chilis gibt man in Sambols, Tomaten- und Zwiebelsalate.

Rote Chilis (rathu miris) werden meist getrocknet und eher grob zerbrochen in Fleischgerichte gegeben oder – zu Pulver gemahlen – zur Aromatisierung von Fisch- und Fleisch-Currys verwendet.

Um einen milderen Geschmack zu erhalten, geben Sie ganze, gewaschene Chilis während der Garzeit hinzu und holen sie vor dem Servieren heraus. Wenn Sie getrocknete

Chilis fein zerstoßen wollen, sollten Sie diese vorher einige Minuten in heißem Wasser einweichen. Wollen Sie die Samen vorher entfernen, können Sie trockene Chilis oben aufschneiden und die Samen leicht herausschütteln.

Meistens sind grüne Chilis unreif und weniger scharf. Mit der Zeit reifen sie, werden rot und schärfer. Eine Faustregel besagt: »Je kleiner die Chilis, umso schärfer sind sie.« Zwei Ausnahmen sind: die auf Sri Lanka heimische bis zu 25 cm langen grünen Chilischoten mit einer enormen Schärfe und die in allen Farbvarianten vorkommenden scharfen »Kochchi-Chilis«, die mit ihrer Lampion-Form den aus Südamerika stammenden »Habanero-Chilis« ähnlich sind.

Vorsicht! Beim Verarbeiten von Chilis nicht die Schleimhäute oder Augen mit den Fingern berühren! Während des Röstvorgangs von Chilis und Chilipulver kommen Sie in den Genuss eines therapeutischen Effekts, der Nasen- und Nebenhöhlen erfrischt und reinigt.

Wenn die in unseren Rezepten genannten Chili-Mengen zu scharf für Ihren Gaumen sind, reduzieren Sie diese, und entfernen Sie in jedem Fall die Samen!

Chilipulver

wird aus gemahlenen getrockneten Chilischoten gewonnen. Cayennepfeffer ist eine von vielen Chilipulver-Varianten und ein guter Ersatz für lankisches Chilipulver. Pulver wird meist dann verwendet, wenn fein dosierte Mengen davon in kalten Suppen, Sambols, Salaten oder Süßspeisen benötigt werden.

Chilipulver ist äußerst lichtempfindlich und sollte in luftdichten dunklen Gläsern aufbewahrt werden.

Curryblätter

(Karapincha)

Diese zarten, wohlriechenden Blätter sind eine wichtige Zutat der Küche Sri Lankas. Ihr Geschmack ist eine blumige Mischung aus Basilikum und Minze. Sie werden fast immer während der Anheizphase hinzugefügt, besonders dann, wenn Currys bei schwacher Hitze simmern müssen. Viele lankische Köche beginnen einen Kochvorgang, indem sie diese Blätter in heißem Öl knusprig braten. Die hellen Curryblätter wachsen an Zweigen mit je 8–12 Blättern am Strauch der Pflanze Murraya Koenigii, die zur Orangenfamilie gehört. Frische Blätter können Sie in gut sortierten Asienläden bekommen, die dort auch manchmal Kariblätter genannt werden.

Im Kühlschrank kann man sie mehrere Wochen aufheben. Sollten Sie nur getrocknete Blätter bekommen, müssen Sie wegen des starken Aromaverlustes die dreifache Menge verwenden.

Currypulver

(Sinhala-Curry/Jaffna-Curry)

Currypulver wird in der lankischen Küche meist aus Koriandersamen, getrockneten Chilis, Kreuzkümmel, braunen Senfsamen, Fenchelsamen, Bockshornkleesamen, Nelken, Kardamom, Zimtrinde, Kurkuma, schwarzem Pfeffer, Curryblättern und Reis hergestellt.

Fast immer wird diese Mischung trocken geröstet, gemahlen und innerhalb kürzester Zeit verbraucht. Auch ungeröstetes Currypulver, welches in einem Elektromixer pulverisiert wird, ist bei lankischen Köchen beliebt. Da industriell hergestelltes Currypulver schon wesentliche Aromastoffe verloren hat, sollte es wenigstens frisch abgepackt sein und nach dem Öffnen bald verbraucht werden.

Rezepte für Currypulver finden Sie auf Seite 31.

Dill: Federblätter und Samen
(Sowa)

Die Federblätter der Pflanze Anethum graveolens finden selten Verwendung in der lankischen Küche. Um den herben Geschmack zu erhalten, werden sie nur frisch in Salate, Sambols und Currys gegen Ende der Zubereitung gegeben.

Die Verwendung von frischem Dill ist auf wenige Bergregionen Sri Lankas beschränkt. Die Samen werden überall meist ungeröstet und zerstoßen gegen Ende der Garzeit in das Gericht gegeben.

Feurige Cashewnusskerne (Rezept auf Seite 146) werden hingegen mit gestößelter Dillsamen-Paste gekocht.

Fenchel
(Maha duru)

Fenchel wird auf Sri Lanka auch oft als süßer Kümmel bezeichnet. Sein Duft und Geschmack ist milder, aber dem Anis ähnlich. Wegen seiner optischen Ähnlichkeit besteht Verwechslungsgefahr mit dem Kreuzkümmel, der jedoch rundlicher und größer ist. Fenchel gilt als verdauungsanregend und wird deshalb auf Sri Lanka nach dem Essen gekaut. Auch geröstet und kandiert wird er zwecks Atemverbesserung nach dem Mahl wie Bonbons genossen. Fenchelblüte wird bevorzugt zur Aromatisierung von Schweinefleisch verwendet.

Gamboge
(Goraka)

Gamboge, die leuchtend orangenfarbene segmentierte Frucht des Baumes Garcinia, wird wegen seines hohen Säuregehaltes und der konservierenden Wirkung geschätzt. Die Segmente werden nach dem Trocknen schwarz und nierenförmig und sind, wenn überhaupt, meist nur in dieser Form in Asienläden erhältlich. Tamarinde ist eine akzeptable geschmackliche Alternative, die aber die Speisen nicht andickt, was Sie beim Kochen unbedingt berücksichtigen müssen.

Gamboge ist wesentlich bei der Herstellung einer lankischen Spezialität, dem so genannten Ambulthiyal, dem sauren Tontopf-Fisch, der am delikatesten in der südlichen Stadt Ambalangoda zubereitet wird (Rezept auf Seite 92). Grundlage ist der Balaya-Fisch, dessen Geschmack durch die Gamboge verstärkt wird. Der Konservierungseffekt der Gamboge erlaubt, dass dieses Gericht in Sri Lankas extremem Klima eine Woche lang haltbar ist.

Ingwer
(Enguru)

Dünn geschält, geschnitten, gehackt oder zerstoßen findet der Ingwer in vielen lankischen Gerichten Verwendung. Er ist nicht nur Geschmacksverstärker für Fisch- und Fleisch-Currys, seine würzige Schärfe und leichte Süße geben auch vielen Pasten und Dips die erforderliche erfrischende Note.

Ingwer ist der Wurzelstock der Pflanze Zingiber officinale; er sollte immer frisch von der Wurzel geschnitten verwendet werden. Pulverisierter Ingwer hat seine wesentlichen Aromen verloren und ist für lankische Gerichte unbrauchbar.

Kaffir-Limette

Kaffir-Limetten erkennt man sofort an ihrer runzeligen Schale, die den Speisen einen einzigartigen Geschmack verleiht. Sie sind faktisch saftlos und deshalb werden nicht nur die Schalen, sondern auch das trockenfeuchte Fruchtfleisch zum Aromatisieren in die Kochtöpfe gegeben.

Diese Zitrusfrüchte der Gattung Citrus hystrix wachsen auf sehr kleinen Bäumen. Kein wirklicher Ersatz für diese Früchte sind die bei uns häufig angebotenen Limonen, die mit frischer Zitronenmelisse vermischt diesen Limettengeschmack nur ein wenig simulieren.

Kaffir-Limettenblatt

Die dunkelgrünen lederartigen Kaffir-Limettenblätter (fälschlicherweise häufig auch Zitronenblätter genannt) haben einen außergewöhnlichen Duft, der sich besonders gut in den Gerichten entfaltet, wenn sie vorher übereinander gelegt, eng zu einer Zigarre gerollt, in nadeldünne Streifen geschnitten werden.

Sie sind frisch in vielen Asienläden zu finden und behalten auch tief gefroren ihr Aroma.

Kardamom
(Enasal)

Kardamom wächst vor allem in den Teeplantagen des Berglandes und wird etwa alle 3–4 Wochen geerntet. Fast die gesamte Ernte benötigt die lankische Bevölkerung für ihre eigenen Currygerichte. Sie nehmen vorwiegend die Samen des grünen Kardamoms und nicht die Kapseln des schwarzen oder weißen Kardamoms, der durch Bleichen schon viel Aroma verloren hat.

In lankischen Gerichten wird er meist frisch gemahlen verwendet, um seinen intensiven Geschmack zu entfalten. Es werden aber auch ganze Kardamom-Kapseln in Speisen oder Reis gegeben, um sie mit den besonderen milderen Geschmacksstoffen der Kapselhaut zu aromatisieren. Nach einem intensiven Mahl werden die Kapseln oft gekaut, um den Atem zu verbessern. Kardamom gehört nach Safran zu den teuersten Gewürzen dieser Erde.

Kurkuma
(Kaha)

Meist wird das orangegelbe Fruchtfleisch der schmalen braunen Wurzel, die zur Ingwerfamilie gehört und auch unter dem Namen Gelbwurz bekannt ist, gekocht, getrocknet und pulverisiert.

Frische Kurkumawurzeln werden auf Sri Lanka eher selten verwendet. Der Bedarf an Kurkumapulver hingegen ist so enorm, dass ein Großteil aus Indien importiert werden muss.

Kurkuma dient nicht nur zum Färben der Speisen, sondern gibt ihnen auch einen leicht bitter-scharfwürzigen Geschmack. Da die Bitterbestandteile sowohl im Pulver als auch im frisch verwendeten Kurkuma durch langes Garen verstärkt werden, darf es erst gegen Ende der Kochphase hinzugegeben werden, was ohnehin vorteilhaft ist, weil es beim Anrösten dazu neigt, am Pfannenboden anzuhaften.

Koriander
(Kottamalli)

Koriandersamen werden auf Sri Lanka vor der Verwendung meistens in Öl angeröstet und zerstoßen, damit sein leicht stechendes Aroma in ein mildes nussiges verwandelt wird.

Die im Handel erhältlichen Samen haben eine ausgezeichnete Keimfähigkeit, sodass das Heranziehen von Pflanzen unkompliziert ist.

Die frischen Korianderblätter, die in vielen Ländern wegen ihres besonderen Dufts und Geschmacks geschätzt sind, verwendet man in der lankischen Volksküche sehr selten zur Aromatisierung. Restaurants nutzen Blätter fast ausschließlich zur Garnierung der Speisen.

Kreuzkümmel
(Suduru)

Kreuzkümmel wird in der lankischen Küche meistens vor dem Gebrauch angeröstet und gemahlen, weil er so erst sein besonderes Aroma entfaltet. Seine kleinen, länglichen, braunen Samen werden fast immer ungemahlen angeboten.

Kreuzkümmel darf keinesfalls mit anderen Kümmelsorten wie schwarzem Kreuzkümmel oder Schwarzkümmel verwechselt werden – diese Sorten schmecken ganz anders.

Limetten
(Dehi)

Es gibt auf Sri Lanka viele Sorten Limetten, aber meistens werden die walnussgroßen, hellgrünen, dünnhäutigen Limetten verwendet. Sie sind weniger sauer, und ihr Saft gibt besonders Dips und Saucen eine herrliche Frische. Die Schalen und Blätter werden mitgekocht und aromatisieren auf diese Weise die Gerichte.

Hin und wieder finden auch die knorpelhäutigen Kaffir-Limetten und deren Blätter Verwendung. Ihr Aroma hinterlässt einen unvergleichlichen Geschmack in den Gerichten.

Limettenblätter stapelt man übereinander, rollt sie zu kleinen Zigarren und schneidet sie in nadeldünne Streifen. So gelangt bei jedem Bissen ein Aroma-Fädchen in Ihren Gaumen.

Malediven-Fisch
(Umbala kada)

Malediven-Fisch ist getrockneter Bonito-Fisch (eine Art Thunfisch), der sehr häufig in der lankischen Küche Verwendung findet. Er wird auf den Malediven gefangen, gekocht, geräuchert und in der brüllend heißen Sonne getrocknet.

Als steinharte Brocken und Splitter gelangt er auf dem Seeweg in lankische Küchen, wo er wegen seiner absolut salzlosen Konservierung sehr gefragt ist. Diese Salzlosigkeit ist bei einigen Gerichten geschmacklich von großer Bedeutung.

In Europa ist diese Art Malediven-Fisch noch nicht im Handel. Ein 100%iger Ersatz sind Bonitoflocken, die in den meisten Japan-Lebensmittelläden erhältlich sind. Sie werden sofort erkennen, welch vorzüglichen Geschmack diese Flocken lankischen Gerichten verleihen.

Minze
(Minchi)

Wir gehen davon aus, dass Minze nicht in lankische Kochtöpfe gegeben wird, obwohl sie in vielen Regionen wächst. Verwendet wird sie dort mit Kokosnuss-Raspeln und Pfeffer in einem Minze-Sambol.

Das Rezept für diesen köstlichen Sambol aus frischer Minze finden Sie auf Seite 64. Getrocknete Minze ist für diesen Sambol ungeeignet.

Muskatblüte/Macis
(Wasawasi)

Muskatblüte ist der orangenrote, filigrane Mantel, der die Muskatnusshülse umschließt. Er wird abgezupft, geglättet und in der Sonne getrocknet, bis er seine typisch karminrote Gitterstruktur zeigt.

Macis hat ein bittersüßes feines Aroma mit einem viel dezenteren Muskatgeschmack als der, den wir von der Nuss kennen.

Macis wird in lankischen Currys und Desserts verwendet, meist im Mörser zerstoßen und erst kurz vor dem Kochende hinzugefügt.

Macis, auch Muskatblüte genannt, finden Sie in den meisten Gewürzläden. Bereits gemahlene Macis verliert schnell an Aroma und ist absolut keine Alternative.

Muskatnuss
(Sadikka)

Der Muskatbaum ist ein großer Baum mit dichten, lederartigen Blättern, zwischen denen die birnenförmigen großen Früchte versteckt sind. Die reifen Früchte spalten sich in zwei Hälften und geben den Samenmantel frei, der fälschlicherweise meist als Muskatblüte bezeichnet wird.

Nachdem dieser die innen liegende Hülse umschließende orangenrote Mantel entfernt ist, wird die nackte Hülse in der Sonne getrocknet und danach die dünnwandige Hülsenschale mit Hilfe eines Schlegels aufgebrochen. In ihr befindet sich die Muskatnuss.

Sie wird auf Sri Lanka für Currys und Süßspeisen verwendet. Wir empfehlen Muskatnüsse erst bei Bedarf zu reiben.

Nelken
(Kambarunatti)

Nelken sind die getrockneten Blütenknospen des auf Sri Lanka beheimateten Baumes Syzygium aromaticum, die nicht nur wegen ihres unverwechselbaren Geschmacks, sondern auch wegen der konservierenden phenolhaltigen Inhaltsstoffe Bedeutung in der lankischen Küche haben.

Favorisiert werden die langen, rötlich-braunen Nelken, die, frisch gemahlen, in Currys, aromatisiertem Reis sowie in den scharfen heißen Hackfleisch-Gerichten Verwendung finden. Von bereits gemahlenen Nelken sollten Sie beim Einkauf Abstand nehmen, weil diese schnell ihr Aroma verlieren.

Ceylon-Nelken waren auf den Weltmärkten sehr gefragt und neben Zimt ein wichtiges Exportgut.

Palmzucker
(Hakuru)

Auch bekannt als Kithupalmzucker oder Jaggery, ein geschmacksintensiver Süßstoff, der im Idealfall zu 100% aus dem Saft der Kithulpalme gewonnen wird und nur in dieser Reinheit seinen unverwechselbaren Geschmack in den Gerichten entfaltet.

Nachdem die lange Kithulblüte aus der Palmkrone geschnitten wurde, strömt der süße Saft aus der Schnittstelle und wird von mutigen Kletterakrobaten aufgefangen und zu Kithul-Sirup oder Palmzucker verarbeitet.

Nur der dunkle, sehr weiche Kithulpalmzucker, der oft als unspektakulärer Fladen angeboten wird, deutet auf Qualität.

Helle, harte, formschöne Tafeln, Taler oder spiralförmige Zuckerkegel deuten auf Vermischung mit Weißzucker hin und eignen sich bestenfalls als Tischdekoration.

Bevor Sie auf das Original verzichten und z. B. Palmyra Palmzucker kaufen, sollten Sie lieber gleich Rohrzucker verwenden.

Pandanusblätter
(Rampe)

Wie auch bei der Verwendung von Curryblättern wird das Pandanusblatt meist am Anfang des Kochprozesses hinzugefügt.

Pandanusblätter sind zäh und Lederartig. Mit ihnen aromatisiert man Reis – indem man sie ins Kochwasser gibt – und Dips in Currys – indem man sie erst faltet, mit einer Küchenschere fein schneidet und manchmal zusätzlich zerstoßen hinzufügt. So entfalten sie auch am intensivsten in Desserts ihren süßlich-blumigen Duft.

Pandanusblätter sind die Blätter des Schraubenbaumes Pandanus tectorius, deren starker Duft an Blütenblätter erinnert. Frische Pandanusblätter können eine Woche im Kühlschrank aufbewahrt werden, tief gefroren verlieren sie nur wenig an Aroma.

Trockene Blätter selbst aus luftdichten Verpackungen haben Ihr Aroma bereits verloren. Pandanus-Essenz ist unter dem Namen Kewra in indischen Läden erhältlich, aber eine eher bescheidene Alternative.

Petersilie
(Gotukola)

Vegetarische Gerichte werden hin und wieder mit frischer Breitblattpetersilie aromatisiert. Als Hauptbestandteil des lankischen Appetizers (Gotukola Saladé) dürfen wir sie als Salat genießen. Das Rezept für diesen Petersiliensalat finden sie auf Seite 59.

Den gefüllten Auberginen (Seite 142) gibt diese Petersilie eine unverzichtbare Geschmacksnote und Frische. Europäische Blattpetersilie (Petroselinum hortense filicinum), die bei uns überall angeboten wird, ist eine ebenfalls schmackhafte Alternative.

Schlaffe Blätter erholen sich über Nacht in einem Glas mit frischem Wasser.

Pfefferkörner
(Gammiris)

Man geht davon aus, dass der Ursprung der Pfefferpflanze auf Sri Lanka und in Südindien liegt. Dort sind die Wachstumsbedingungen derart optimal, dass die Kletterpflanze andere Nutzpflanzen und Bäume überwuchert.

Die Beeren, die an der Pflanze wie kleine Trauben hängen, werden vor der Reife in der Sonne zu den uns bekannten schwarzen Pfefferkörnern getrocknet, die weltweit frisch gemahlen viele Gerichte aromatisieren.

Frische, unreife Trauben von grünem Pfeffer werden in lankischen Restaurants vorwiegend zur Dekoration verwendet.

Für den Export wird grüner Pfeffer in Salzlake konserviert. Weißer Pfeffer, der in der lankischen Küche keine Bedeutung hat, ist geschälter vollreifer Pfeffer derselben Pflanze.

Safran

Safran sind die getrockneten Narbenfäden des Crocus sativus, die in der lankischen Küche zum Aromatisieren von Reis und Desserts genutzt werden. Erst im Mörser zerstoßen und in etwas Flüssigkeit gelöst, werden auf Sri Lanka die Safranfäden in die Speisen gegeben.

Der bei uns überall erhältliche spanische Safran ist weltweit der aromatischste.

Safranpulver ist keine Alternative zu den getrockneten Safranfäden.

Salz
(Lunu)

Salz wird auf Sri Lanka mit großer Zurückhaltung verwendet. Reis, der zu Currys gereicht wird, ist salzlos zubereitet, damit er bei jedem Bissen neu den Geschmack neutralisiert.

In Mörsern werden kleine Mengen von grobem Salz verwendet, um die Fasern von Zutaten beim Zerstoßen besser zu zerstören.

Anders als in Europa werden statt Salz häufig Chilis als Geschmacksverstärker genutzt, die in eine völlig andere eher feurig-blumige Richtung wirken und mit zuviel Salz eine aggressive Note bekommen.

Traditionell wird Salz feinst dosiert aus einem mit schwacher Salzlösung gefüllten Gefäß, das neben der Feuerstelle hängt, direkt ins Essen gespritzt.

Salbei
(Sage)

Salbei in die Liste lankischer Gewürze aufzunehmen ist umstritten. Möglicherweise ist der aus lankischer Perspektive »exotische« Salbei nur in wenigen Kräutergärten zu Hause.

Aus in Gewürzteig getauchten frischen Salbeitrieben wird der gleichnamige köstliche Appetizer »Sage« (Seite 67) zubereitet.

In unseren Breitengraden wird Salbei (Salvia officinalis) hundertfach als Küchen- und Heilkraut verwendet und ist deshalb auf den meisten Märkten zu finden.

Schwarzer Kreuzkümmel
(Heen duru)

Schwarzer Kreuzkümmel gehört botanisch zur selben Gattung (Cuminium cyminum) wie der gewöhnliche Kreuzkümmel »Suduro« und ist im Handel auch unter den Namen Kala Jeera oder *black cumin* erhältlich. Wegen seines weniger aufdringlichen und wesentlich süßeren aromatischeren Geschmacks unterscheidet er sich enorm vom Kreuzkümmel.

Da er auf Sri Lanka wild wächst und selten auf Märkten zu finden ist, kommt er meist nur in seinem natürlichen Verbreitungsgebiet zum Einsatz. Dort wird er trocken geröstet und frisch gemahlen verwendet.

Schwarzkümmel

(Kalu duru)

Schwarzkümmel ist im Gegensatz zu den Kreuzkümmelsorten weniger aufdringlich im Geschmack mit einer leicht pfeffrig-scharfen Note.

Der Schwarzkümmelsamen Nigella sativa wird von lankischen Köchen in milden Gemüsegerichten verwendet. Seine therapeutische Wirkung gegen Allergien und Asthma ist weit über den Kontinent hinaus bekannt. In Europa findet man die Samen in gut sortierten Gewürzläden.

Senfsamen

(Aba)

Auf Sri Lanka werden vorwiegend die winzigen braunen Senfsamen verwendet. Im Gegensatz zu vielen anderen Gewürzen, die man vor der Verwendung trocken röstet, werden braune Senfsamen in wenig heißem Öl geröstet und zu einer Paste zerstoßen. So entfalten sie am besten ihr Aroma.

Auch ungeröstete Samen werden ganz in eingelegtem Gemüse, Senfblätter- und Kohlgerichten verwendet.

Die leicht bitteren braunen Senfsamen sind nicht mit den in Europa bekannten hellen Senfsamen zu vergleichen und sollten deshalb in Asienläden eingekauft werden.

Tamarinde

(Siyambala)

In den trockenen Samenkapseln des großen Tamarindenbaums befindet sich das süß-saure Fruchtfleisch. Probieren Sie es ruhig einmal im Rohzustand aus einer gerade aufgebrochenen Schote. Es erinnert an getrocknete Wildaprikosen und ist natürlich viel wohlschmeckender als in weiterverarbeiteter Form.

Egal ob Sie frisches Mark oder zu Blöcken gepresstes Konzentrat verwenden – es wird immer in etwas warmem Wasser aufgelöst, mit den Fingern zerrieben und durch ein feinmaschiges Sieb gepresst, so bleiben die störenden Fasern und Kerne zurück.

Tamarinde eignet sich hervorragend, um Suppen und anderen Gerichten einen herbsäuerlichen Touch zu verleihen.

Tamarinden-Paste ist in allen Asienläden erhältlich und ein annehmbarer Ersatz für das Mark aus frischen Schoten.

Vanille

(Uldi)

Obwohl die Schoten der Vanillepflanze an ihren wild wachsenden Orchideenranken häufig auf Sri Lanka zu sehen sind, wird Vanille in der lankischen Küche selten verwendet.

Die Vanilleschoten (Vanilla planifolia) werden vor der Reife geerntet, damit sie nicht aufbrechen. So wird verhindert, dass ihr Aroma vorzeitig verfliegt.

Zur Aromatisierung von Desserts, wie z. B. lankischem Vanillekürbis (Rezept auf Seite 181), wird die Schote halbiert und das dunkle Mark mit einer Messerspitze herausgeholt.

Um noch mehr Vanillearoma aus der verbleibenden Schote zu extrahieren, muss man sie in etwas heißem Wasser eingeweicht ziehen lassen. Später, wenn es das Rezept erlaubt, kann das aromatisierte Wasser der Speise zugeführt werden.

Zimt

(Kurundu)

Zimt ist in Sri Lanka beheimatet und wird dort kultiviert. Um Zimtstangen zu erhalten, werden die eineinhalbjährigen Triebe des Zimtbaums 2- bis 3-mal im Jahr geschält, fermentiert, gerollt und gebündelt.

Beim Trocknen nimmt die Rinde ihre typisch gelblich braune Farbe an. In sehr vielen lankischen Gerichten wird mit Zimt in mehr oder weniger großen Mengen aromatisiert. Er wird sowohl in pikanten als auch süßen Gerichten verwendet.

Zimt sollte niemals gemahlen eingekauft werden, sondern immer nur als Rinde. Zimtrinde wird oft grob zwischen den Fingern zerbröselt oder als ganze Stange in die Gerichte gegeben.

Die besten Zimtstangen sind aus dünnhäutiger Rinde, haben eine helle Farbe und sind unter dem Namen Ceylonzimt im Handel.

Zitronengras

(Sera)

Zitronengras verleiht Speisen einen frischen zitrusartigen Geschmack, jedoch ohne die scharfe Säure von Zitronen oder Limonen zu besitzen.

Es wächst als hohes Gras mit scharfen schilfartigen Blättern aus einer kleinen Wurzelknolle. Die äußeren Blätter verhärten während der Wachstumsphase, weshalb nur die inneren weichen Schichten verwendet werden.

Diese werden meist in dünne Ringe geschnitten. Zuvor streicht man mit einem Messerrücken ein paar Mal über den Stängel, um seine Struktur zu brechen.

Man kann die Stängel auch von den losen Blättern befreien, anspitzen und als Spieße für Grillgut einsetzen, so geben sie ihr zartes Aroma weiter. Frisches Zitronengras wird in allen Asienläden angeboten und kann tiefgefroren werden.

Es ist durch nichts zu ersetzen, auch nicht durch Zitronengraspulver.

JUNGLE FOOD – WICHTIGE GRUNDBEGRIFFE

Chilipulver

Chilipulver wird aus roten Chilischoten und den darin enthaltenen Samen gewonnen. Erst getrocknet, dann fein gemahlen, gelangen Chilis in Pulverform auf die Märkte.

Der bei uns erhältliche Cayennepfeffer ist ein hochwertiges Chilipulver, das Sie immer benutzen können, wenn in diesem Buch von Chilipulver die Rede ist.

Chilipulver wird in der lankischen Küche verwendet, wenn Schärfe gegen Ende des Kochprozesses wirksam werden soll. Auch in Desserts oder Suppen, die oft – kalt zubereitet – eine Spur von Schärfe benötigen, eignet sich Chilipulver besser als Schoten. Über Chilischoten erfahren Sie mehr im Kapitel »Gewürze« (Seite 18).

Currypulver

Currypulver ist eine Gewürzmischung und sollte möglichst immer frisch zubereitet werden, weil die bedeutungsvollen Aromen schnell an Intensität verlieren.

Mehr dazu im Kapitel »Gewürze« (Seite 19).

Die Rezepte der in lankischen Küchen beliebtesten Currypulver-Mischungen stellen wir hier vor. Was die Dosierung der Chilis im Currypulver betrifft, hängt ganz von der Entscheidung ab, Schärfe mit dem Currypulver, oder gesondert in die Speisen zu geben. Wir empfehlen wegen des grösseren Spielraums ein Currypulver mit geringer Schärfe zu verwenden..

Auch als Sri-Lanka-Currypulver bekannt, eignet sich Sinhala-Currypulver hervorragend zur Aromatisierung von Fleischgerichten.

Zubereitung:

30 g Reis waschen und trocknen lassen. Anschließend die Zutaten – wie rechts angegeben – einzeln nach und nach trocken rösten und mahlen.

Die trocken gerösteten und gemahlenen Zutaten in eine Schüssel geben, einen halben TL Kurkumapulver dazugeben und alles gut vermischen. In ein luftdichtes, dunkles Glas geben und verschließen.

Sinhala-Currypulver

75 g Koriander

25 g Kreuzkümmel

2 getrocknete rote Chilischoten mit Kernen

3 cm Zimtstange

15 Curryblätter

Kardamomsamen aus 6 Kardamomkapseln

1 TL Fenchelsamen

6 Nelken

Dieses ungeröstete Currypulver ist besonders für die Aromatisierung von Gemüsegerichten geeignet. Es enthält keine Chilischoten.

Zubereitung:

Curryblätter trocken rösten und mit den rechts angegebenen Zutaten in einem Elektromixer in kurzen Intervallen fein verarbeiten.

Das Pulver aus dem Mixer in eine Schüssel geben, 60 g fein gemahlenes Reismehl hineinmischen. In ein luftdichtes, dunkles Glas füllen und verschließen.

Rohes Sinhala-Currypulver

20 Curryblätter

90 g Koriandersamen

$1/2$ TL Kreuzkümmelsamen

$1/2$ TL Fenchelsamen

$1/4$ TL Bockshornkleesamen

Samen aus 1 Kardamomkapsel

3 cm Zimtstange

Dieses geröstete Currypulver eignet sich besonders für Fischgerichte.

Zubereitung:

Die rechts aufgelisteten Zutaten einzeln trocken rösten und mahlen.

In eine Schüssel geben, $1/4$ TL Kurkumapulver hineinmischen, in ein Glas füllen und luftdicht verschließen.

Jaffna-Currypulver

75 g Curryblätter

60 g Fenchelsamen

50 g Koriandersamen

35 g Kreuzkümmelsamen

1 getrocknete rote Chilischote

$1/4$ TL Bockshornkleesamen

$1/4$ TL schwarze Pfefferkörner

Currys sind würzige Saucen, die grundsätzlich mit Reis, Pittus oder Stringhoppern gegessen werden.

Auf Sri Lanka sind Currys mit Reis das Standard-Mittagsmahl. Lankische Currys sind vielfältig in Geschmack, Konsistenz und Qualität. Sie werden entweder nach der Hauptzutat (z.B. Entencurry) genannt oder nach ihrer Farbe:
– Weiße Currys (Sudu) und gelbe Currys (Kaha) sind meist milde Gemüsecurrys.
– Braune und schwarze Currys (Kalu) bekommen ihre dunkle Farbe durch stark trocken geröstete Gewürze. Ein würziger Röstgeschmack dominiert in diesen Currys.
– Rote Currys (Rathu) enthalten große Mengen teuflisch scharfer Chilischoten und werden bevorzugt mit Fleisch zubereitet.

Currys

In diesem Buch finden Sie folgende Currys:
– Krabbencurry, Seite 101
– Fischcurry mit Mangostanen, Seite 109
– Königsgarnelencurry, Seite 96
– Doradencurry, Seite 104
– Entencurry, Seite 118
– Lammcurry, Seite 132
– Auberginencurry, Seite 148
– Bananenblütencurry, Seite 144
– Drumstickcurry, Seite 154
– Okracurry, Seite 164

Das Dehydrieren von Tomaten ist eine beliebte Art, den Eigengeschmack zu konzentrieren. Durch mehrstündiges Garen bei geringer Temperatur (ca. 80–100 °C) wird der Frucht die Flüssigkeit entzogen, was besonders den europäischen Tomaten, die heutzutage vorwiegend minderwertig sind, gut tut. Wir empfehlen, für den Tomaten-Chutney (Seite 56) und die Tomatensuppe (Seite 88) Tomaten zu dehydrieren.
Zubereitung:

Die Tomaten in kochendes Wasser werfen und warten, bis das Wasser erneut zu kochen beginnt. Abgießen, die Haut der Tomaten abziehen und durch den Stielansatz schneidend halbieren. Den Stielansatz herausschneiden und die Hälften mit den Schnittstellen nach oben auf ein mit Aluminiumfolie geschütztes Backblech legen.

Die Schnittstellen mit Rohrzucker und feinem Salz bestreuen. Im Backofen bei ca. 80–100 °C im obersten Einschubfach 2 bis 2 $^1/_2$ Stunden backen.

Dehydrieren

Ghee zubereiten

Ghee ist geklärte Butter, die sich viele Monate aufbewahren lässt, ohne den Geschmack und ihre Eigenschaften zu verändern.

Man kann mit Ghee kochen, braten und sogar frittieren.

Zubereitung:

Butter in Scheiben schneiden und in einen schweren Eisentopf geben. Bei geringer Hitze mit einem Holzlöffel ständig rühren, bis die Butter vollständig zerlassen ist (sie darf keinesfalls braun werden).

Die Temperatur erhöhen und warten, bis die Butter zu schäumen beginnt. Sofort die Temperatur aufs Minimum reduzieren, nicht mehr umrühren. 30 Minuten langsam köcheln. Nach dieser Zeit ist der Butterschaum zu einer goldgelben Substanz geworden, die oben über der geklärten Butter schwimmt.

Ein dünnes Leinentuch in ein Küchensieb legen, das Sieb auf eine Schüssel stellen und das Butterfett hindurchfiltern. Nun das Sieb mit Tuch auf ein verschließbares Gefäß stellen und das einmal gereinigte Ghee erneut hineinschütten.

Das auf diese Weise gefilterte Ghee abkühlen lassen, verschließen und im Kühlschrank aufbewahren.

Hühnerbrühe

Zutaten für 2 Liter Hühnerbrühe:
1,5 kg knochige Teile vom Huhn
4 Liter Wasser
250 g Zwiebeln
1 Stange Bleichsellerie
1 TL Koriandersamen
1 TL schwarze Pfefferkörner
1 TL Salz

Zubereitung:

Ausschließlich Teile vom Huhn, wie Hals, Flügel, ausgelöste Knochen, an denen nur wenig Fleisch haftet, verwenden. Zu viel Fleisch an den Knochen verdirbt die Brühe und macht sie sauer!

Wasser in einen großen Topf gießen, Hühnerknochen hineingeben und auf eine große Flamme stellen. Zwiebeln und Sellerie grob hacken, mit den Gewürzen ins Wasser geben und 2–3 Minuten kräftig aufkochen lassen, dann bei kleiner Flamme 4 Stunden brodeln lassen. Durch ein Sieb gießen, abkühlen lassen und im Kühlschrank lagern.

Joghurt wird auf Sri Lanka meist Curd oder Meekiri genannt und wird aus der Milch **Joghurt** des Wasserbüffels gewonnen. Wasserbüffel haben wesentlich mehr Butterfett in der Milch als Kühe, weshalb dieser Joghurt fetter, fester und aromatischer ist. Er schmeckt tatsächlich ein wenig nach Büffel.

Unser Joghurt ist dagegen fettarm, eher wässrig mit wenig Geschmack. Wenn Sie unseren Joghurt dem lankischen ein wenig annähern wollen, geben Sie saure oder dicke Sahne hinzu.

Eine bessere Qualität erhalten Sie auch, wenn Sie ihn selber herstellen.

Hierbei ist es notwendig, Vollfettmilch zu verwenden. Auch die kleine Menge Joghurt, den sie als Starter des Fermentierungsprozesses benötigen, sollte deshalb ein griechischer Joghurt mit 10% Fettanteil sein.

Zubereitung:

1 Liter Milch in einen Topf gießen, auf großer Flamme erhitzen, daneben stehen und warten, bis sie kocht. Vom Feuer nehmen und abkühlen lassen, bis sie lauwarm ist (ca. 50 °C).

Eine Tasse dieser abgekochten Milch in eine Schüssel geben und einen Becher Joghurt (125 ml ohne Zusätze) hineinrühren. Die restliche Milch anschütten und alles sehr gut vermischen.

Die Schüssel an einen warmen Ort (Heizkörper, Tellerwärmer, Sonnenfenster) stellen und dort ca. 8 Stunden fermentieren lassen.

Den nun fest gewordenen Joghurt in den Kühlschrank stellen, um den Reifeprozess zu beenden.

Dieser Joghurt eignet sich besonders für Joghurtgemüse mit grüner Mango (Rezept auf Seite 156) und Lassi (Rezept auf Seite 178).

Heben Sie eine Tasse von diesem Joghurt als Starter für den nächsten Ansatz auf.

Kandieren

Kandierte Orangen sind eine wesentliche Zutat in einem köstlichen Linsengericht, dessen Zubereitung auf Seite 77 beschrieben wird. Aber auch in andere Speisen werden kandierte Schalen von Limetten und Orangen gerne als Gaumenkitzler gegeben.

Möchten Sie selber Früchte kandieren, berücksichtigen Sie, dass die Früchte dreimal 24 Stunden im Zuckersirup ziehen müssen.

Früchte in sehr wenig Wasser 3–4 Minuten weich kochen (Fruchtschalen benötigen 30 bis 60 Minuten). Die so gegarten Früchte bzw. Schalen zur Seite stellen. Nun muss so viel Zuckersirup hergestellt werden, dass später alle Früchte darin untergetaucht kochen und ziehen können. Die benötigte Sirupmenge immer im Verhältnis 180 g Zucker zu 100 ml Wasser herstellen. Dazu Zucker und Wasser in einen Topf mit rundem Boden geben, auf mittlere Flamme setzen und den Zucker auflösen. Auf kleiner Flamme weiterkochen, bis ein Sirup entsteht, der am eingetauchten, dann herausgezogenen Löffel in kleinen Tropfen an dünnen Fäden abtropft (in der Fachsprache spricht man von »kleinen Perlen«).

Die Früchte in den Sirup hinein geben und erneut aufkochen lassen. Vom Feuer nehmen und 24 Stunden kalt stellen.

Wieder aufs Feuer setzen. 50 g Zucker hinzufügen, aufkochen und weitere 24 Stunden kühl stellen. Wieder erhitzen, 50 g Zucker dazuschütten und erneut gut aufkochen lassen.

Nochmals 24 Stunden im Zuckersirup kalt »garen«. Danach die kandierten Früchte herausholen und auf einem Gitter abtropfen lassen.

Kokosnuss

Die Kokosnuss (singhalesisch »Pol«) ist die Basiszutat der lankischen Küche. Sie wird meist halbiert und ihr Fruchtfleisch mit einer genial simplen Handfräse von innen herausgeraspelt.

Die Kokosraspeln werden in etlichen lankischen Vor- und Nachspeisen verarbeitet oder, zu Kokosnussmilch gepresst, in vielen Gerichten verwendet.

Beim Einkauf von Kokosnüssen ist darauf zu achten, dass sich noch ausreichend Flüssigkeit im Inneren der Nuss befindet (schütteln und hören!). Man soll auch prüfen, dass an den drei Augen der Nuss kein Schimmel sitzt.

Nach dem Öffnen der Nuss mittels eines kräftigen Schlags mit der Rückseite eines Hackmessers auf die Mitte fließt das Fruchtwasser heraus, dessen Geschmack leicht süßlich ist und keinesfalls ranzig sein darf.

Nur das Wasser der zarten jungen Königs-Kokosnüsse, auf Sri-Lanka Thambili genannt, ist dort ein beliebtes Erfrischungsgetränk.

Kokosnussmilch wird aus dem Fruchtfleisch frischer Kokosnüsse hergestellt. Das Fruchtfleisch wird geraspelt, mit heißem Wasser vermischt und ausgepresst.

Kokosnussmilch ist in Dosen und in konzentrierter Form als Creme (Kokossahne) in Asienläden und gut sortierten Lebensmittelgeschäften erhältlich.

In Anbetracht der europäischen Preise für 4 Kokosnüsse, die Sie zur Gewinnung von etwa 200 ml ($^{1}/_{2}$ Dose) Kokossahne benötigen, muss die Experimentierfreude vor der Wirtschaftlichkeit stehen, um diese Tat zu rechtfertigen.

Zubereitung:

Kokosnüsse mittels eines kräftigen Schlags mit der Rückseite eines Küchenbeils in zwei Hälften teilen. Das herausfließende Wasser wegschütten.

Fruchtfleisch mit Hilfe einer Raspel (manuell oder elektrisch) in eine Schüssel raspeln. Wasser zum Sieden bringen, über die Kokosraspel gießen und sehr gut verrühren.

Ein Leinentuch in eine zweite Schüssel legen, die Kokosraspel hineinschütten, die Enden des Tuchs zusammenführen und die Kokossahne herauspressen, fertig.

Für die Gewinnung von Kokosnussmilch die ausgepressten Flocken erneut in die zuerst benutzte Schüssel geben, mit ca. 500 ml kochendem Wasser übergießen, gut verrühren und ein weiteres Mal auspressen.

Auf diese Weise erhalten Sie Kokosnussmilch von idealer Konsistenz.

Kokossahne und Kokosnussmilch herstellen

Zutaten für die Herstellung von 200 ml Kokossahne:
4 frische Kokosnüsse
100 ml Wasser

Kokosnussmilch muss vor dem Verzehr gekocht werden, da sie pur genossen Magenschmerzen verursacht. Kokossahne hingegen kann pur, z.B. auf gedämpften Hirse-Kokos-Rollen (Pittus genannt, Rezept auf Seite 80) genossen werden.

Lagern exotischer Zutaten

Seltene Zutaten brauchen besondere Pflege, damit ihre Aromen erhalten bleiben und sie nicht verderben:

Blätter

Pandanus-, Limetten-, Kaffirlimetten-, Zitronen- und Curryblätter können wenige Tage im Kühlschrank gelagert werden. Tiefgefroren halten sie sich länger, verlieren aber ihre Farbe, das frische Aussehen und leider auch etwas Aroma.

Basilikum, Petersilie, Salbei

Richten sich nach Einkauf und Transport wieder auf, wenn sie einige Stunden in frisches Wasser gestellt werden.

Eier

Werden auf Sri Lanka mit Ghee bestrichen, um sie länger haltbar zu machen.

Fisch

Wird mit einer Mischung aus Salz und Kurkumapulver bestrichen, um einen ungekühlten langen Transport besser zu überstehen.

Gewürze

Sollten kühl und trocken in dunklen Schraubgläsern aufbewahrt werden. Achten Sie beim Kauf von Gewürzen darauf, dass sie nicht schon vor Monaten abgepackt und zu starkem Licht ausgesetzt wurden (keine Gewürze in durchsichtigen Gläsern kaufen).

Gewürzmischungen

Auch Ihre frisch gerösteten und gemahlenen Gewürzmischungen sollten nach diesen Kriterien gelagert werden.

Hülsenfrüchte

Besonders Linsen werden auf Sri Lanka mit Rizinusöl befeuchtet und dann in der Sonne getrocknet. Auf diese Weise werden sie vor Insektenbefall geschützt.

Kaffir-Limetten

Sie lassen sich sehr gut tiefgefrieren, ohne dabei ihr typisches Aroma zu verlieren.

Kandierte Früchte

Halten sich in verschlossenen Gläsern mehrere Monate.

Aus Dosen muss sie sofort in ein Glas oder Porzellangefäß umgefüllt werden, aber selbst darin kann sie im Kühlschrank nur wenige Tage gelagert werden.

Kokosnussmilch

Können tiefgefroren werden, ohne ihre Eigenschaften zu verlieren.

Kokosraspel

Werden auf Sri Lanka entweder in verschlossenen Dosen, auf deren Boden Salz gestreut wurde, frisch gehalten oder in einem mit Wasser gefüllten Porzellangefäß gelagert.

Limetten

Die Ansichten, wie ein lankisches Menü zusammengestellt werden sollte, sind individuell-fundamentalistisch. Nach genauer Betrachtung ist nur eine Empfehlung möglich:
Lassen Sie sich erst von den vielfältigen Rezepten dieses Buches inspirieren. Vertrauen Sie auf Ihre Fähigkeit, mit Fantasie und ungebremster Kreativität aus der Fülle der Gerichte einen Sinnesrausch zu kreieren. Überraschen Sie auf diese Weise sich selbst und Ihre Gäste.

Menü-Zusammenstellung

Kokosnussöl ist das beliebteste Öl in Sri Lankas Volksküchen, sicher auch, weil es besonders preiswert ist. Es hat eine weißliche Farbe und eine eher cremige Konsistenz. Hervorragende Restaurantköche haben allerdings auch auf Sri Lanka erkannt, dass der dominante Eigengeschmack besonders feine Geschmacksnuancen überlagert.
In Wild-Gerichten wie »Kaninchen mit Süßkartoffelmousse« (Rezept auf Seite 130) oder für »Hopper« (Rezept auf Seite 74) verwenden wir Kokosnussöl, weil dort der intensive Kokosgeschmack genial mit den anderen Zutaten korrespondiert. Ansonsten empfehlen wir, wenn nicht anders erwähnt, ein neutrales Pflanzenöl zu verwenden.

Öl

Räuchern Auch wenn das Räuchern recht aufwändig ist, lohnt es, Fisch oder Geflügel auf lankische Art zu räuchern. Der besondere Unterschied zu den in Europa bekannten Räuchermethoden besteht darin, dass hier anstelle von Buchenholzmehl mit Gewürzen geräuchert wird.

Egal, ob Sie im Besitz eines Räuchergeräts, einer Räuchertonne oder nur einer normalen Kasserolle sind, ersetzen Sie Ihr gewohntes Räuchermehl durch folgende Gewürze: 2–3 Zimtstangen, 4 getrocknete rote Chilis, 8 Gewürznelken.

Geben Sie diese Gewürze in einen Mörser, und zerstoßen Sie sie grob. Formen Sie aus Aluminiumfolie ein flaches Schälchen, und schütten Sie die Würzmischung hinein, decken es mit einem weiteren Förmchen aus Aluminiumfolie ab, damit vom Gargut keine Flüssigkeit auf die Gewürze tropft, und setzen es auf den Boden Ihres Räuchergefäßes.

Stellen oder hängen Sie das Gargut darüber (es darf nicht die Wände des Gefäßes berühren). Verschließen Sie nun das Gefäß mit seinem Deckel, und dichten Sie diesen zusätzlich mit weichem Töpferton oder mindestens einem nassen Leinentuch ab. Setzen Sie das Gefäß auf mittlere Flamme, und räuchern Sie je nach Gargut 25–45 Minuten.

Reis Reis ist auf Sri Lanka Hauptnahrungsmittel. Schon 600 v. Chr. stauten dort Bauern Flüsse, um Reis anzubauen. Sri Lankas favorisierte Sorte ist ein rötlicher, schwach polierter Reis, der in Europa nicht im Handel ist. Verwenden Sie stattdessen schwarzen Thai-Reis, weißen Langkorn- oder Basmati-Reis.

In Indappans (Rezept auf Seite 75) wird gemahlenes leicht angeröstetes Reismehl verwendet und in keinem Hopperteig darf Reismehl fehlen.

Einfache Regel zur Zubereitung:

60 g Reis pro Person unter fließendem Wasser waschen, in einen hohen Topf geben, Wasser angießen, bis es 1 cm über dem Reis steht. Salzlos und abgedeckt kochen bis er gar ist, häufig probieren und nur im Notfall etwas Wasser nachgießen.

Gelber Reis (Kaha Bath) ist ein aromatisierter Reis, der meist zu Gemüsecurrys oder Hühnergerichten gegessen wird. Auf Sri Lanka benutzt man dafür meist Samba, einen nur wenig polierten rundlichen Reis, der in Europa nicht angeboten wird. Er kann aber durch den in Europa erhältlichen »schwarzen Thai-Reis« ersetzt werden.

Zubereitung:

Eine halbe Stunde vor der Zubereitung den Reis ganz kurz waschen, damit er keine Feuchtigkeit aufsaugen kann, in ein Sieb geben, abtropfen lassen, auf ein Küchenhandtuch verteilen und antrocknen lassen.

Zwiebel und Zitronengras in dünne Ringe schneiden, dann klein hacken. Pandanusblatt mit einer Küchenschere in 5 Stücke schneiden.

Wasser aufs Feuer setzen.

Ghee in einer Kasserolle erhitzen, Zwiebel, Zitronengras, Pandanusblatt, Curryblätter, Pfefferkörner, Nelken und Kardamom darin anrösten, bis die Zwiebeln glasig werden. Den Reis dazugeben und bei mittlerer Hitze ca. 2 Minuten weiterrösten, dabei ständig rühren.

Das heiße Wasser vom Feuer nehmen und in den Reis gießen. Kokosnussmilch dazuschütten, Kurkuma hineinstreuen, salzen und vorsichtig, aber gründlich umrühren.

Bei großer Hitze kochen, bis die Flüssigkeit Blasen wirft. Dann die Hitze stark reduzieren und auf kleinster Flamme abgedeckt ca. 15 Minuten simmern.

Vom Feuer nehmen, die Gewürze im Reis vorsichtig unterheben und 10 Minuten ziehen lassen. Heiß servieren.

Gelber Reis

400 g schwarzer Thai-Reis
1 kleine rote Zwiebel
$^1/_2$ Stängel Zitronengras
6 cm Pandanusblatt
500 ml Wasser
3 TL Ghee
6 Curryblätter
8 schwarze Pfefferkörner
6 Nelken
6 Kardamomkapseln
150 ml Kokosnussmilch
$^1/_4$ TL Kurkumapulver
Salz zum Abschmecken

Kokosmilchreis (Kiri Bath)

Für diese Reisspeise, die seit 2500 Jahren traditionell zum lankischen Neujahrsfest im April gegessen wird, ist die Auswahl der richtigen Reissorte von Bedeutung. Sie benötigen entweder einen ungeschälten Reis, dessen Kleieschicht wasserlöslich ist (in Europa als »schwarzer Thai-Reis« im Handel), oder braunen Rundkornreis, dessen Kleieschicht nach dem Entfernen der Hülle erhalten bleibt. Die Kleieschicht garantiert, dass die Körner körnig bleiben und dennoch aneinander kleben.

500 g der zuvor erwähnten
Reissorten
1 l Wasser
200 ml Kokosnussmilch
150 ml Kokossahne
$^1/_2$ TL Salz

Zubereitung von Kiri Bath:

Reis in ein Sieb geben und nur ca. 20 Sekunden unter fließendem Wasser waschen.

In einen Topf mit schwerem Boden geben und 30 Minuten in einem Liter Wasser einweichen.

Danach Kokosnussmilch hinzuschütten, gut mit dem Reis im Einweichwasser vermischen und aufs Feuer stellen. Nach dem ersten Aufkochen die Hitze auf ein Minimum reduzieren und so 35 Minuten gut abgedeckt kochen. Hin und wieder vorsichtig mit einem Holzlöffel umrühren.

Nach dieser Zeit Salz und Kokossahne unterheben, kurz aufkochen lassen und danach wieder auf sehr kleiner Flamme weitere 6–8 Minuten abgedeckt köcheln. Häufig umrühren, aber die Reiskörner nicht zerstören.

Die Garzeiten sind abhängig von den Reissorten. Sie müssen also in dieser Phase sehr wachsam sein, eventuell noch einen Esslöffel Kokossahne hineinrühren oder – falls die Körner anfangen zu zerfallen – den Garprozess stoppen.

Letztendlich brauchen Sie einen gut gegarten körnigen Reis, der von einem dünnen cremigen Mantel umgeben ist, der nach dem Erkalten die Körner zusammenhält.

Formen: Eine Kuchenplatte mit etwas Butter einfetten, den heißen Reis darauf mit einer Küchenspachtel zu einer rechteckigen, 2 cm hohen glatten Fläche formen (nicht zu oft über die Oberfläche streichen, weil diese sonst verschmiert).

Auf der Oberfläche Rauten von 6 cm anzeichnen, dann schneiden. Gut abkühlen lassen und dann erst auf Teller geben.

Kiri Bath wird mit scharfen Sambols oder als Beilage zu süßsaurem Tontopffisch (Ambulthiyal, Rezept auf Seite 92) gegessen.

Zubereitung von Tamarindenreis:

2 TL Ghee in einem mittelgroßen Topf, der weder Holz- noch Kunststoffgriffe besitzt, erhitzen. Reis hineinschütten und gründlich verrühren, damit alle Reiskörner mit heißem Ghee in Berührung kommen. Wasser anschütten, aufkochen lassen und 15 Minuten auf kleinster Flamme köcheln.

Währenddessen Backofen auf 200 °C vorheizen. Tamarindensaft herstellen, wie auf Seite 46 beschrieben.

In einer kleinen Eisenpfanne einen Teelöffel Ghee erhitzen. Chilischoten entkernen, in Längsstreifen schneiden, zusammen mit Dillsamen und Curryblättern im heißen Ghee anrösten. Tamarindensaft dazuschütten, einige Sekunden aufkochen lassen. Diese Gewürzmischung vorsichtig in den Reis rühren und mit Salz abschmecken.

In den bereits vorgeheizten Backofen stellen und einige Minuten aufquellen lassen. Die Temperatur stark reduzieren (80 °C) und so den Tamarindenreis bis zum Servieren warm halten.

In diesem Buch finden Sie auch Gerichte, deren geschmacklicher Reiz auf einer köstlichen Sauce, Creme oder Mousse basiert. Stellen Sie nur die Saucen, Cremes und Mousse in kleinen Mengen her, und reichen Sie diese, wie eingangs beschrieben, zu Ihrem Festmahl. So wird daraus ein vielfältiges geschmackliches Highlight.

Neben den überall beliebten Sambols werden auch Saucen zu Speisen gereicht, um diese zu bereichern. In den vielen unterschiedlichen Schüsselchen, Tellern und Blattschalen, die bei einem Festmahl zu Speisen gereicht werden, befinden sich neben Sambols auch häufig Saucen, die einen in sie getauchten Bissen zu einem exotischen Gaumenreiz werden lassen. Die Gäste greifen mit den Fingerspitzen die konsistenten Teile vorgegarter Gemüse, Pittus, Pappadams oder formen aus Reis geschickt eine kleine Kugel und tunken sie mal hier, mal dort hinein. Ein Stück Entenbrust aus einem Curry bekommt in Mango-Joghurt oder Bananen-Koriandersauce getaucht eine völlig neue Geschmacksnote.

Tamarindenreis

Zutaten für 4 Portionen:
3 TL Ghee
250 g weißer Langkornreis
500 ml Wasser
1 EL Tamarindenpaste
6 getrocknete rote Chilischoten
2 TL Dillsamen
20 Curryblätter
Salz zum Abschmecken

Saucen

Rezepturen, die sich auch zur Herstellung von Saucen eignen:
– Ingwercreme, Seite 57
– Tamarinden-
Bananen-Mousse, Seite 69
– Tomatensuppe, Seite 88
– Karotten-Paprika-
Mousse, Seite 110
– Süßkartoffelmousse, Seite 130
– Cashewnuss-
Bananen-Creme, Seite 175

Tamarindensaft Tamarinde wird meist in gepresster Form angeboten und muss vor der Verwendung aus dem Block gelöst und von lästigen Fruchtschalen und Samen gereinigt werden. Trennen Sie die gewünschte Menge vom Block ab, und gießen Sie die gleiche Menge heißes Wasser an.

Weichen Sie das Tamarindenkonzentrat 10 Minuten darin ein. Zerreiben Sie es zwischen den Fingerspitzen, und passieren Sie es dann durch ein Sieb. Verwenden Sie diesen Saft wie in den Rezepten beschrieben.

Mehr zur Tamarinde finden Sie im Kapitel »Gewürze« (auf Seite 26).

Zubereitungsarten

Blanchieren Gemüse werden blanchiert, um die Farbe und den knackigen Biss zu erhalten, was z.B. fürs Joghurtgemüse mit grüner Mango (Rezept auf Seite 156) von großer Bedeutung ist.

Man kocht das Gargut nur wenige Minuten und gibt es danach in ein mit Eiswürfeln und Wasser gefülltes Gefäß, um den Kochprozess sofort zu stoppen.

Dämpfen Auf Sri Lanka werden täglich große Mengen Stringhopper auf einem Bambuskörbchen gedämpft (Rezept auf Seite 75).

Pittus sind Hirse- oder Reisrollen, die in einem speziellen Pittu-Dämpfer zubereitet werden. Dieses Gerät wird auf Seite 49 beschrieben. Das Rezept für Pittus finden Sie auf Seite 80.

Generell braucht man zum Dämpfen einen großen Topf, in den wenig Wasser gefüllt wird, und ein Dampfkörbchen oder einen feuerfesten Teller, der mit geringem Abstand darüber gestellt wird.

Das Gargut ins Körbchen legen, das Wasser erhitzen, dabei den Topf zudecken!

Dämpfen ist eine besonders schonende Garmethode, bei der Vitamine und Mineralstoffe erhalten bleiben.

Zum Kochen im Wasserbad das Gefäß mit dem Gargut in ein zweites, größeres Gefäß mit heißem Wasser stellen und bei ca. 70 °C auf dem Herd oder im Backofen garen. Diese Methode eignet sich besonders für Saucen, Cremes und Puddings, die Eier, Kokossahne, Ghee oder Butter enthalten.

Ideal ist diese Methode für den Kokospudding (Rezept auf Seite 172). Die Füllung stockt kontrolliert, der Dampf verhindert die Austrocknung und Krustenbildungen der Kürbishülle.

Kochen im Wasserbad

Pfannengerührt werden meist Zutaten, die in mundgerechte Happen geschnitten wurden. Das ideale Kochgerät fürs Pfannenrühren ist ein Wok, in dem das Gargut mit Hilfe eines Holzspachtels ständig und schnell in heißem Öl gerührt wird.

Rindergeschnetzeltes bleibt saftig, und das Gemüse bleibt knackig, wenn es sehr kurz in heißem Öl pfannengerührt wird.

Pfannenrühren

Trocken rösten ist die ideale Methode, um die Aromen von Gewürzen hervorzuzaubern. Sie benötigen dazu eine kleine, schwere Eisenpfanne oder einen gusseisernen Tiegel.

Auf kleiner Flamme können die Gewürze, ständig gerührt, langsam und gleichmäßig geröstet werden. In leichten Töpfen oder Pfannen neigen die Gewürze zum Anbrennen.

Trocken geröstete Gewürze sind nicht nur aromatischer, sondern lassen sich auch leichter zerstoßen oder mahlen.

Trocken rösten

Hier werden die wichtigsten lankischen Küchengeräte vorgestellt. In Europa sind einige dieser Geräte schwer zu beschaffen, und so haben wir Alternativen beschrieben, die leicht aus gängigen Küchengeräten kombiniert werden können, teils – im besten Jungle-Food-Geist – auch mit einer kleinen Bauanleitung versehen.

Dämpfer für Pittus Ursprünglich verwendeten die lankischen Köche zum Dämpfen der Hirse-Kokos-Rollen Bambusröhren, die mit Hilfe von Dichtungen aus Stofflappen auf mit Wasser gefüllte Tontöpfe gesetzt wurden.

Durch Erhitzen des Wassers im Tontopf konnte auf diese Weise Wasserdampf die Röhre durchströmen und das in ihr befindliche Hirseteig-Kokosraspel-Gemisch garen. Im Hintergrund des Fotos links ist ein klassischer Pittu-Bambuwa aus Bambus und Ton zu sehen. Im Vordergrund ein Dämpfer aus Aluminium, der preiswert, praktisch und das heutzutage bevorzugte Gerät zum Dämpfen von Pittus ist.

Er besteht aus:

– einem dickbauchigen Unterteil, in dem Wasser erhitzt und so Wasserdampf erzeugt wird.

– einer Röhre, die sich unten zu einem Deckel weitet, der genau auf das Unterteil passt.

– einem kleinen runden Sieb, das unten in die Röhre gelegt wird, damit das Teiggemisch nicht nach unten ins Wasser fällt.

– einem kleinen Deckel mit drei kleinen Löchern, der die Röhre oben veschließt.

Da es im deutschsprachigen Raum sehr schwierig ist, einen original lankischen Pittu-Dämpfer zu kaufen, beschreiben wir nun, wie Sie mit ein wenig Geschick aus einer Bierdose und gewöhnlichen Küchengeräten einen funktionalen Dämpfer bauen können.

Sie benötigen:

1. Einen schmalen Topf von ca. 10 cm Höhe und maximal 11 cm Durchmesser als Basis, ebenfalls eignet sich der untere Teil einer 10-Tassen-Espresso-Maschine.

2. Ein Spitzsieb als Mittelteil.

3. Das Oberteil: Es wird aus einer großen Bierdose mit 50 ml Fassungsvermögen geschnitten.

Stechen Sie oben und unten neben dem Rand mit einem spitzen Messer in die Seitenwand der Bierdose, führen Sie die Spitze einer Schere in die Löcher, und schneiden Sie vorsichtig Deckel und Boden ab. So erhalten Sie eine glatte Röhre von 6 cm Durchmesser.

Füllen Sie den unteren Behälter zur Hälfte mit Wasser, und stellen Sie das Spitzsieb darüber. Setzen Sie die Röhre ins Zentrum des Spitzsiebs.

Füllen Sie die Röhre mit der Pittu-Mischung. Legen Sie ein feuchtes Handtuch um die Röhre, und drücken Sie sie nach unten, um zu verhindern, dass Wasserdampf an der Seite vorbeiströmt. Decken Sie die Röhre mit einer kleinen feuchten Leinenserviette ab, und dämpfen Sie Ihre Pittus, wie auf Seite 80 beschrieben.

Alternativer Pittu-Dämpfer

Hopper sind ein wesentlicher Bestandteil der lankischen Küche. Die knusprig gebackenen Reis-Kokosteig-Halbkugeln sind besonders als Frühstück oder Abendmahl gefragt und werden auch gerne zu scharfen Fischcurrys genossen.

Die bezaubernde Form, durch Fliehkraft gebildet und die Eigenschaft, als wohlschmeckender Behälter für allerlei Köstlichkeiten zu dienen, rechtfertigt die aufwändige Zubereitung und das Ihnen abverlangte Improvisationsgeschick im Bezug auf die schwer erhältliche Hopperpfanne, in der ein Hopper gebacken werden will. Original-Hopperpfannen sind hierzulande in den wenigen lankischen Lebensmittelgeschäften nur unter dem Ladentisch zu haben. Sie müssen diesen halbkugelförmigen Gusseisen- oder Aluminiumtiegel mit einem Durchmesser von 16 cm durch etwas Ähnliches ersetzen.

Hopperpfannen

Die Wanddicke sollte nicht weniger als 3 mm betragen. Eine große Aluminium-Suppenkelle, wie sie im Profiküchenhandel angeboten wird, kann das Original aus Sri Lanka ersetzen.

Hopper werden im Ursprungsland auch heute gerne an offenen Feuerstellen gegart, denn da, wo Flammen von allen Seiten auf den Tiegel einwirken, ist die Hitzeverteilung ideal. Dieses Bild sollten Sie beim Backen auf dem heimischen Herd immer im Hinterkopf behalten, um zu guten Ergebnissen zu gelangen.

Unser Hopper-Rezept finden Sie auf Seite 80.

Koki-Förmchen

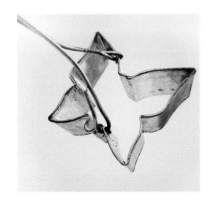

Koki-Förmchen sind zu simplen Ornamenten gebogene Blechstreifen, die an einem langen Metallstab mit Holzgriff befestigt sind. Mit Hilfe dieser Förmchen können Sie köstliche, optisch außergewöhnliche Kekse backen.

Alternative Koki-Förmchen können Sie leicht selbst anfertigen.

Bohren Sie knapp unterhalb des oberen Randes eines Metallförmchens, welches normalerweise zum Ausstechen von Gebäck-Plätzchen verwendet wird, zwei sich gegenüberliegende Löcher.

Nun einen 50 cm langen Metalldraht in der Mitte knicken und die Enden 1 cm lang durch die Löcher im Förmchen führen.

Die Enden nach oben biegen und auf diese Weise Förmchen und Draht fest verbinden. Die Herstellung von Kokis ist im Rezept auf Seite 176 beschrieben.

Kokosraspel

Die geniale lankische Handkokosraspel basiert auf einer Fahrradnabe mit einer Kurbel auf der einen, und einem Raspelkopf auf der anderen Seite. Gehalten wird die Nabe von einem zur Spirale gedrehten Rundeisen mit Feststellschraube, die das Gerät am Arbeitstisch fixiert. Dieses Gerät zaubert in kürzester Zeit das Kokosnuss-Fruchtfleisch aus der harten Nuss und hinterlässt Kokosraspel von idealer Konsistenz.

Gerichte, bei denen frische Kokosraspel benötigt werden, finden Sie auf Seite 61, 88, 95, 152 und 156.

Mörser

Meist werden in lankischen Küchen Holzmörser in unterschiedlichen Größen verwendet. Für die Gerichte in diesem Buch wurde ausschließlich mit einem Steinmörser gearbeitet, weil es des Autors liebstes Stück ist.

Ob Holz oder Stein, wichtig ist, dass die Zutaten sich darin sehr fein zerstoßen lassen und der Mörser nicht zu klein ist, denn besonders in der lankischen Küche werden oft Sambols komplett im Mörser zubereitet.

Nudelkörbchen für Stringhopper

Diese Körbchen werden auf Sri Lanka Vattis genannt. Die Nudeln werden mit einer drehenden Bewegung direkt auf diese Körbchen gepresst und danach darin über Wasserdampf gegart. Eine gute Alternative sind Dampfeinsätze aus Bambus, wie sie in Europa in vielen chinesischen Geschäften angeboten werden.

Nudelpresse

Stringhopper sind ohne Nudelpresse nicht denkbar. Das lankische Original besteht aus zwei kunstvoll geschnitzten Holzformen, die sich ineinander stecken lassen. Im Zentrum des Unterteils ist eine Hülse, die mit einem fein gelöcherten Metallsieb verschraubt ist. In diese Hülse wird der zentrale Bolzen des Oberteils gedrückt und auf diese Weise der in die Hülse gefüllte Teig durch die Löcher gepresst.

Eine Vermicelli-Nudelpresse ist eine gute Alternative. Notfalls können Sie auch einen Fleischwolf modifizieren. Schrauben Sie den vorderen Verschlussring ab. Setzen Sie vor die vorhandene Lochscheibe ein Blech, in das Sie vorher zwanzig 1 mm große Löcher gebohrt haben. Schrauben Sie den Verschlussring wieder zu, und pressen Sie den Teig hindurch.

Das Rezept für Stringhopper finden Sie auf Seite 75.

SAMBOLS UND APPETIZERS

Die Tomaten in kochendes Wasser werfen und warten, bis das Wasser erneut zu kochen beginnt, dann abgießen. Die Haut der Tomaten abziehen und durch den Stielansatz schneidend halbieren.

Den Stielansatz herausschneiden und die Hälften mit den Schnittstellen nach oben auf ein mit Aluminiumfolie geschütztes Backblech legen. Die Schnittstellen mit Rohrzucker und feinem Salz bestreuen. Im Backofen bei schwacher Hitze

CHUTNEY VON DEHYDRIERTEN TOMATEN
Thakkali Sambol

Zutaten für eine Schale Sambol
(ca. 250 ml):
250 g reife Tomaten
1 EL Rohrzucker
½ TL Salz
1 rote Zwiebel
½ grüne Chilischote
1 Stängel Zitronengras
2 Knoblauchzehen
2 TL Pflanzenöl
1 EL Bonitoflocken
2 EL Kokossahne
1 TL Limettensaft

(ca. 100 °C) im obersten Einschubfach zwei bis zweieinhalb Stunden backen.

Die Tomaten in dünne Stifte schneiden, einige Hälften unzerschnitten lassen. Zwiebeln und Chili klein hacken und mit den Tomaten in eine Schüssel geben.

Zitronengras von den äußeren harten Hüllen befreien und in sehr dünne Ringe schneiden. Knoblauch in dünne Stifte schneiden und in sehr heißem Öl in einem kleinen Wok goldbraun anrösten.

In die Schüssel mit den bereits geschnittenen Zutaten geben. Tomatenhälften, Bonitoflocken und Kokossahne hinzufügen und alles gut miteinander vermischen. Mit Salz und Limettensaft abschmecken.

10 Minuten ziehen lassen und servieren.

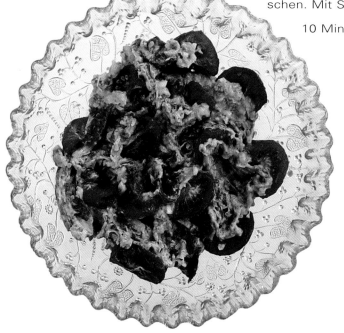

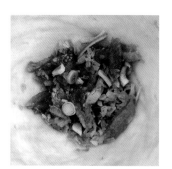

Kokosnussfleisch und Ingwer sehr fein raspeln. Mit grobem Salz, Zucker, Mandelmus und Chilipulver in einem Mörser zerstoßen. Mit Zitronensaft vermischen und den Büffelmilchjoghurt untermengen, sodass eine feste Creme entsteht. Erst kurz vor dem Servieren (max. 10 Minuten vorher) in die Basilikumblätter füllen.

BASILIKUMBLÄTTER MIT INGWER-CREMEFÜLLUNG

Enguru Sambol – Pireu Suwede Kole

Zutaten für 4 Personen:
1 EL frisch geraspelte
Kokosnuss
1 $^1/_2$ EL frisch geraspelter Ingwer
1 Prise grobes Salz
3 TL Rohrzucker
1 TL Mandelmus
1 Prise Chilipulver
3 Tropfen Zitronensaft
1 TL Büffelmilchjoghurt
  oder Sahnequark
8 mittelgroße Basilikumblätter

Die Blütenkolben entblättern und die Bananenblüten abzupfen (ergibt ca. 85–100 Gramm Blüten). Einige Blütenkolbenblätter aufheben, um später den Sambol darin zu servieren.

Orangen auspressen, die Blüten in den Orangensaft geben und 2 Stunden ziehen lassen. Währenddessen Zwiebel und Chilis sehr fein schneiden, dann hacken.

BANANENBLÜTEN-SAMBOL
Kehel Muwa Sambol

Zutaten zum Füllen von
2 Blütenkolben-Blättern:
1 Bananenblüte (Kessel Musa)
2 Orangen
$^1/_4$ rote Zwiebel
3 grüne Chilis
$^1/_2$ Tasse Pflanzenöl zum
   Frittieren
1 Limette
1 Msp. schwarzer Pfeffer
1 Prise Salz

Die Blüten aus dem Orangensaft in ein Sieb geben und sehr gut abtropfen lassen (schleudern oder klopfen).

Pflanzenöl in einer tiefen Pfanne erhitzen und die Blüten darin goldbraun rösten.

Erneut abtropfen lassen und zu den gehackten Zwiebeln und Chilis geben. Gut mischen.

Die Limette auspressen und 4 Esslöffel Saft hineinträufeln. Umrühren, schwarzen Pfeffer frisch hineinmahlen und sparsam mit Salz abschmecken, weil sonst der blumige, leicht bittere Geschmack verloren geht.

Mindestens 30 Minuten ziehen lassen und in den Blütenkolben-Blättern servieren.

HÖLLENZWIEBELN
Ratuluna

Zutaten für eine kleine Schale:
8–10 Schalotten
5 EL Pflanzenöl
1 Stück Zimt (streichholzgroß)
1 TL Currypulver
1/4 TL Chilipulver
3 EL Bonitoflocken
1/4 TL Salz
1 Msp. schwarzer Pfeffer
2 EL Zucker
1/4 TL Kurkuma

Schalotten in feine Streifen schneiden, Öl in einem Wok erhitzen und die Schalotten darin goldbraun anrösten (ca. 10 Minuten). Zimt zwischen den Fingern zerbröseln und mit den anderen Zutaten in folgender Reihenfolge zu den angerösteten Zwiebeln in den Wok geben: Currypulver, Chilipulver, Bonitoflocken, Salz, Pfeffer, Zucker. 4–5 Minuten ständig rührend weiterrösten.

Kurkuma erst unmittelbar vor Beendigung des Röstvorgangs unterrühren und servieren.

SALAT VON BLATTPETERSILIE
Gotukola Saladé

Zutaten für 4 Personen:
1 kleine grüne Chilischote
1/4 TL grobes Salz
3 Bund Blattpetersilie
1 Schalotte
1 EL Bonitoflocken
1 EL frisch geraspelte
  Kokosnuss
1/2 Limette

Die Chilischote mit Haut und Kernen klein hacken. Mit grobem Salz in einen Mörser geben und fein zerstoßen.

Die Petersilie waschen, sehr gut abtropfen lassen und grob hacken. Die Schalotte fein schneiden und mit den Zutaten aus dem Mörser in einer Schüssel vermischen. Kokosnussfleisch darüber raspeln, Bonitoflocken und Limettensaft dazu mischen und ca. eine Stunde vor dem Servieren ziehen lassen.

ERFRISCHENDER KOKOSNUSSSALAT
Pol Sambol

Zutaten für 4 Personen:
¹/₂ Kokosnuss, geraspelt
1 Knoblauchzehe
1 kleine rote Zwiebel
1 Msp. Salz
¹/₄ TL Chilipulver
2 TL Bonitoflocken
1 Limette

Das Kokosnussfleisch raspeln, die Knoblauchzehe und die Zwiebel in dünne Stifte schneiden. In einen Mörser geben und mit Salz, Chilipulver und Bonitoflocken zerstoßen. Das geraspelte Kokosnussfleisch nach und nach hinzufügen und zu einem trockenen Gemisch zerstampfen.

Mit dem Saft einer Limette beträufeln und auf einem Teller zerbröseln, mit den Fingern vermischen und servieren.

GERÖSTETES KOKOSRASPEL-CHUTNEY
Kalupol Sambol

Zutaten für eine kleine Schale
Sambol:
200 g Kokosnussfleisch
2 rote Chilis
$1/4$ TL Salz
8–10 Curryblätter
2 TL Bonitoflocken
$1/2$ TL schwarzer Pfeffer
3 Knoblauchzehen
Saft einer halben Limette

Kokosnussfleisch raspeln und in einer Gusseisenpfanne trocken rösten.

Die Chilis klein hacken, mit grobem Salz und Curryblättern in einen Mörser geben und sehr fein zerstoßen. Die Bonitoflocken hinzufügen, weiter zerstoßen. Knoblauch klein hacken, hinzufügen, weiter zerstoßen. Pfeffer, die gerösteten Kokosraspel und Limettensaft hinzufügen, weiter zerstoßen.

Falls erforderlich, mehr Limettensaft hinzufügen, und eine homogene Masse herstellen. Frisch angemacht servieren.

Das obere harte Drittel der Zitronengrasstängel abschneiden und wegwerfen. Die äußeren, harten Hüllenblätter abzupfen, ebenfalls wegwerfen, den Rest klein hacken und in einen Mörser geben.

Chilischoten waschen, längs aufschneiden, entkernen und klein hacken, ebenfalls in den Mörser geben.

Ingwer und Schalotten schälen, klein hacken und unter Zugabe von $^1/_4$ Teelöffel

GRILLSARDINEN-ZITRONENGRAS-CHUTNEY
Haal Masso Sambol

Zutaten für eine Schale Chutney (150 ml):
4 Sardinen
2 Stängel Zitronengras
1 milde rote Chilischote
2 milde grüne Chilischoten
ca. 2 cm Ingwerwurzel
3 Schalotten
$^1/_4$ TL grobes Salz
1 El Tamarindenmark

grobem Salz mit den anderen Zutaten im Mörser zu einer Paste verarbeiten.

Tamarindenmark in einer halben Tasse heißem Wasser auflösen, die festen Teile und Kerne entfernen (siehe Seite 26).

Die Flüssigkeit in den Mörser geben und mit der Paste verrühren.

4 Sardinen schuppen, ausnehmen und beidseitig knusprig grillen, vorzugsweise auf dem Holzkohlegrill. Im sehr heißen Zustand filetieren. Die heißen Filets sofort im Mörser mit den darin befindlichen Zutaten zerstoßen, sodass die Hitze der Sardinen die Aromen der anderen Zutaten steigert und eine homogene Masse entsteht.

Dieses Chutney sensibilisiert die Geschmacksnerven und wird deshalb auch gerne mit den Hauptgerichten kombiniert.

Ingwer, Knoblauch und Chilis erst in dünne Scheiben schneiden, dann klein hacken und mit den Minzeblättern und grobem Salz in einem Mörser zu Paste zerstoßen. Kokosnussfleisch und Schalotten fein raspeln, mit Limettensaft zu der Paste im Mörser geben und erneut zerstoßen. In einen Wok geben und mit starker Hitze und großer Schnelligkeit eine Minute pfannenrühren. Bildet die Paste Klumpen, müssen diese mit einem Kochlöffel an den Innenwänden des Woks zerdrückt

MINZE-SAMBOL
Minchi Sambol

Zutaten für eine kleine Schale Sambol:
1 walnussgroßes Stück Ingwer
2 Knoblauchzehen
4 frische grüne Chilis
1 Bund Minze (75 g)
$\frac{1}{2}$ TL grobes Salz
$\frac{1}{2}$ Kokosnuss (200 g Fruchtfleisch)
4 Schalotten
1 kleine Limette

werden. Alle Partikel müssen kurz mit der Hitze in Berührung kommen, um das gewünschte Aroma zu entfalten.

In eine kleine Schüssel geben und vor dem Servieren mindestens 15 Minuten ziehen lassen.

Dieser Sambol eignet sich auch als erfrischend scharfe Beilage zu Fleischgerichten.

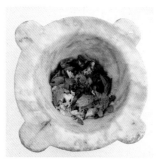

Sardinen ausnehmen, waschen, salzen und in einer Pfanne mit Pflanzenöl kurz (ca. 1 Minute von jeder Seite) anbraten. Köpfe, Schwänze und Gräten entfernen, (ersatzweise 4 Dosen Sardinen in hochwertigem Olivenöl nehmen, ebenfalls Schwänze und Gräten entfernen).

Die Cherrytomaten blanchieren, enthäuten und vierteln.

Gee erhitzen und die sehr kleingehackten grünen Chilischoten mit 200 Gramm vor-

SARDINENMOUSSE-HOPPERFÜLLUNG
Haal Masso Badela Sambol

Zutaten für 4 Hopperfüllungen:
250 g Sardinen
1 TL Salz
2 EL Pflanzenöl
12 Cherrytomaten
120 g Ghee oder Butter
2 frische grüne Chilischoten
200 g Maiskörner
$^1/_4$ TL Kurkuma
1 Zitrone

gekochten Maiskörnern und den Cherrytomaten darin simmern lassen.

Die Sardinen, Kurkuma und die gesimmerten Zutaten in einen Mörser geben und unter Zugabe des Zitronensafts zu einer Masse, die noch Stücke der Zutaten erkennen lässt, verarbeiten.

In frisch zubereitete Hopper füllen (Rezept auf Seite 74) und servieren.

SALBEITRIEBE IM WÜRZIGEN TEIGMANTEL
Sage

Zutaten für 4 Personen:
1 rote Chilischote
2 Kardamomkapseln
1 TL braune Senfsamen
$\frac{1}{2}$ TL Kreuzkümmel
$\frac{1}{2}$ TL grobes Salz
$\frac{1}{2}$ TL Kithulpalmzucker
$\frac{1}{4}$ TL Kurkuma
2 Eier
1 EL Mehl
1 l Frittieröl
1 Bund Salbeitriebe

Die Chilischote entkernen und in dünne Längsstreifen schneiden. Zusammen mit den aus den Kardamomkapseln geholten Samen, den Senfsamen und dem Kreuzkümmel in einer schweren Gusseisenpfanne trocken rösten. In einen Mörser geben und mit dem groben Salz fein zerstoßen. Den Kithulpalmzucker und Kurkuma dazu geben, weiter zerstoßen und diese Gewürzmischung mit Eiern und Mehl zu einem dickflüssigen Teig verarbeiten.

Das Frittieröl in einem Gefäß erhitzen, einzeln die geputzten Triebe in den Gewürzteig tauchen und nach und nach im Öl mittelbraun ausbacken.

Auf einem Küchentuch kurz abtropfen lassen und servieren.

TAMARINDEN-BANANEN-MOUSSE
Siyambala Kessel Sambol

Zutaten für eine Schale (300 ml):
1 EL Koriandersamen
1 EL Tamarindenmark
3 EL Wasser
1 Banane (vollreif)
1 TL Ghee
$\frac{1}{2}$ Zitrone
$\frac{1}{2}$ TL Salz
100 ml Traubensaft (hell)

Koriander in einer kleinen schweren Eisenpfanne trocken rösten, mahlen oder im Mörser fein zerstoßen.

Frisches oder gepresstes Tamarindenmark in 3 Esslöffeln warmem Wasser auflösen. Banane schälen, horizontal halbieren. Ghee in einer Pfanne erhitzen und die Bananenhälften auf beiden Seiten goldbraun braten.

In einen großen Mörser geben und fein zerstoßen. Zitrone hineinpressen, Tamarindensaft durch ein Sieb in diesen Mörser passieren und Salz hineingeben.

Traubensaft hinzuschütten und zu einer glatten Mousse rühren. Die Mousse in Schälchen füllen und zu Gemüsegerichten reichen oder, wie hier abgebildet, auf Tellern glatt streichen und darauf gekochte Bananenblüten (die oft in Dosen angeboten werden) drapieren.

Zwei Nächte vor dem Ausbacken der Pfannkuchen die schwarzen Mungobohnen einweichen und am nächsten Morgen enthülsen. Die nun hellen Mungobohnen mit 100 g Reis für 2–3 Stunden in einer großen Menge Wasser einweichen, durch ein Sieb abgießen und die gequollene Mischung in einem großen Holzmörser oder Elektromixer mit genügend Wasser zu einem flüssigen Pfannkuchenteig verarbeiten. Backpulver hinzufügen und die Mischung über Nacht bei Zimmertemperatur

WÜRZIGE MUNGOBOHNEN-PFANNKUCHEN
Jaffna Dosai

Zutaten für 8 Pfannkuchen:
100 g schwarze Mungobohnen
100 g Reis
$1/8$ TL Backpulver
3 getrocknete rote Chilis
3 kleine rote Zwiebeln oder
  Schalotten
8–10 Curryblätter
$1/4$ TL Schwarzkümmel
$1/2$ TL braune Senfsamen
1 EL Pflanzenöl
1 TL Kurkuma
2 TL Salz

fermentieren lassen. Chilis, Zwiebeln und Curryblätter klein hacken. Öl in einer Pfanne erhitzen und die gehackten Zutaten mit Schwarzkümmel- und braunen Senfsamen darin anrösten. Diese Röstmischung abkühlen lassen und in den Teig geben, Kurkuma und Salz hinzugeben und alles gut miteinander verrühren. Falls erforderlich, etwas Wasser hinzugeben, um einen sehr dünnflüssigen Pfannkuchenteig zu erhalten. Eine schwere Gusseisenpfanne mit einem geölten Tuch ausstreichen und stark erhitzen, bis das Öl zu rauchen beginnt. Die Pfanne vom Feuer nehmen und mit einer spiralförmigen Bewegung einen Schöpflöffel Teig auf dem heißen Pfannenboden verteilen. Die Pfanne auf eine ganz kleine Flamme stellen und einige Tropfen Öl um die Kanten des Pfannkuchenteigs träufeln. Backen, bis er hellgelb, aber nicht knusprig ist. Dosais können auch gerollt oder gefaltet serviert werden, jedoch nicht ohne Sambolbeilagen.

VORSPEISEN
PEREPASA

Mindestens 8 Stunden vor der Zubereitung einen Vorteig aus Hefe (Zimmertemperatur), Zucker und 4 Esslöffel lauwarmem Wasser erstellen. Warten, bis er nach etwa 15 Minuten Blasen wirft. Das Reismehl in eine große Schüssel geben und eine trichterförmige Vertiefung formen. Den Hefe-Vorteig mit einer Tasse lauwarmem Wasser mischen und alles so gut durchrühren, bis die Masse die Konsistenz eines weichen Schlagteigs hat (eventuell noch etwas Wasser hinzugeben).

HOPPER – KNUSPRIGE REISPFANNKUCHEN
Appa

Zutaten für ca. 20 Hopper:
2 TL Hefe
1 TL Zucker
4 Tassen Reismehl
2 Tassen lauwarmes Wasser
400 ml Kokosnussmilch
3 EL Zucker
1 TL Salz
1 EL Kokosöl

Die Schüssel mit einem feuchten Tuch abdecken und den Teig mindestens 8 Stunden oder über Nacht ruhen lassen. In dieser Zeit sollte der Teig um das Doppelte seines ursprünglichen Volumens aufgegangen sein.

Kurz vor Beginn des Backvorgangs ¾ der Kokosmilch, Zucker und Salz in den Teig geben und gut verrühren. Wichtig: Er muss dünnflüssiger sein als ein Crêpeteig. Wenn notwendig, nach und nach etwas von der restlichen Kokosnussmilch hinzugeben.

Das Backen: Ein kleines Leinentuch mit Kokosöl befeuchten. Die Pfanne auf mittlerer Flamme erhitzen und mit Hilfe des Leinentuchs überall mit Öl benetzen. ¼ Tasse Teig in die Pfanne geben und sofort mit horizontalen Kreisbewegungen vom Feuer nehmen, sodass der Teig am Pfannenrand hochsteigt. (Ist die Pfanne zu heiß, klumpt der Teig: Versuchen Sie es erneut, aber reduzieren Sie die Hitze.) Die Pfanne mit einem Deckel zudecken und den Hopper bei kleiner bis mittlerer Hitze in wenigen Minuten knusprig backen. Sollten Sie über einen Gasherd verfügen, wählen Sie die größte Flamme und backen Sie den Hopper in einem Abstand von ca. 10 cm in kreisenden Bewegungen über dieser Wärmequelle. So gelangt die Hitze gleichmäßig an alle Seiten des Backgefäßes. Die Kanten des knusprigen Hopper mit einem stumpfen Messer vom Pfannenrand lösen und heiß servieren.

Wissenswertes über Hopperpfannen und Alternativen finden Sie auf Seite 49.

Reismehl in einem Backofen bei geringer Hitze ein wenig anrösten. In eine Schüssel sieben. Mit Salz vermischen, nach und nach wenig heißes Wasser hineinträufeln und zu einem luftig-weichen Teig kneten, der aber auf keinen Fall kleben darf. Die speziellen, flachen String-Hopper-Förmchen aus Bambusgeflecht, die durch die in Europa angebotenen chinesischen Bambus-Dampfkörbchen ersetzt werden können (siehe Seite 53), einfetten.

REISMEHLFADEN-NESTER (FADENHOPPER)
String Hopper Idappan

Zutaten für 12 String Hopper:
300 g Reismehl
1 TL Salz
150 ml kochendes Wasser
1 TL Pflanzenöl

Den Teig in eine Fadenhopper- oder Vermicelli-Nudelpresse (siehe Seite 53) geben und mit kreisenden Bewegungen ein dichtes Nudel-Fadengewirr auf die Bambuskörbchen pressen. (Sacken die Nudeln durch das Geflecht, muss in den Teig erneut etwas Mehl geknetet werden; brechen die Nudeln auseinander, muss etwas heißes Wasser in den Teig geknetet werden.)

Die Körbchen 2 cm über kochendes Wasser stellen und die Nudeln dämpfen, bis sie ein federnd aufspringendes Gewebe werden (ca. 7 Minuten).

Die String Hopper sind geschmacksneutral und müssen mit Sambols, Fleischcurrys oder saurem Ambulthiyal-Fisch serviert werden.

Für eine Stringhopper-Variante mit weicherer Konsistenz können Sie anstelle von geröstetem Reismehl gedämpftes verwenden: In einem Topf einen Liter Wasser zum Kochen bringen und ein Sieb darüber hängen. Eine ausgebreitete Stoffserviette in das Sieb legen und das Reismehl darauf verteilen. Abdecken und eine Stunde dämpfen. Dann wie oben beschrieben zu Teig kneten und zu String Hopper weiter verarbeiten.

Die Hibiskusblüten (oder Kürbis-, Zucchini-, Kapuzinerkresse-Blüten) vom Frucht-stempel befreien und beiseite legen. Bockshornkleesamen in Wasser einweichen und 15 Minuten quellen lassen.

Die Chilischote aufschneiden, die Kerne entfernen und die Schote in sehr dünne Streifen schneiden. Den Ingwer klein hacken und zusammen mit Chili, Bockshorn-klee, Palmzucker und etwas grobem Salz im Mörser sehr fein zerstoßen.

HIBISKUSBLÜTEN IM GEWÜRZTEIGMANTEL
Mallpóhttu Othagath

Zutaten für 4 Personen:
4 Hibiskusblüten
$\frac{1}{4}$ TL Bockshornkleesamen
1 große rote Chilischote
1 haselnussgroßes Stück
 Ingwer
1 TL Kithulpalmzucker
$\frac{1}{2}$ TL grobes Salz
$\frac{1}{8}$ TL Currypulver
$\frac{1}{8}$ TL Kurkumapulver
2 Eier
2 EL Reismehl
1 Tasse Kokosnussmilch
250 ml Pflanzenöl zum
 Ausbacken

Currypulver, Kurkuma, Eier und Reismehl in den Mörser geben und gut verrühren. Kokosnussmilch nach und nach hinzugießen, bis ein flüssiger Teig entsteht.

Das Öl in einem tiefen, schmalen Gefäß erhitzen, die Blüten in den Teig tauchen und eine nach der anderen goldbraun ausbacken.

Auf einem Küchentuch abtropfen lassen und servieren.

Eine unbehandelte Orange kandieren (siehe Seite 36, oder kandierte Orange verwenden), eine Stunde in Orangensaft einweichen. In winzige Würfelchen schneiden. Linsen waschen und in einem Topf mit Gemüsebrühe, Kokosnussmilch, kandierten Orangen und der Chilischote ca. 8 Minuten kochen. (Die Linsen müssen gar sein, außen fest aussehen und dürfen nicht zusammenkleben. Deshalb auf keinen Fall vor Beendigung des Kochvorgangs salzen!) Jetzt den Sellerie, das

LINSEN MIT KANDIERTEN ORANGEN
Parrippu Pemidoman Telijja

Zutaten für 6 Personen:
1 unbehandelte Orange oder
200 g kandierte Orange
1 Tasse frisch gepresster
 Orangensaft
1 Tasse Gemüsebrühe
150 g gelbe Coral-Linsen
1 Tasse Kokosnussmilch
$1/4$ rote Chilischote
1 weißer Stängel
 Staudensellerie
1 apfelgroßes Stück Kohl aus
 der Mitte
1 unbehandelte Orange
 (ersatzweise Zitrone)
1 Prise Salz

Innere eines Kohls und die Schale einer unbehandelten Orange auf einer feinen Reibe reiben, salzen und unter die Linsen mischen. Eine Stunde bei Raumtemperatur ziehen lassen und servieren.

Zubereitung der Limetten-Eissplitter:

Die Chilischote halbieren, entkernen und von den Fruchtwänden befreien. Die entkernte Hälfte in Wasser einweichen, die andere beiseite legen. Die Limettenschale, die erst am nächsten Tag für die Suppe benötigt wird, heiß abwaschen, dünn abraspeln und in den Kühlschrank stellen. Die Limetten halbieren und auspressen. Die Chilischote klein schneiden und mit der Macisblüte im Mörser zerstoßen. Kurkuma

KOKOSSUPPE MIT WÜRZIGEN LIMETTEN-EISSPLITTERN
Perepol-Dehieisaller

Zutaten für 4 Personen:
Zutaten für die Limetten-
Eissplitter (12 Stunden vorher
zubereiten):
$^1/_2$ mittelgroße Chilischote
$1^1/_2$ Limetten
1 TL Macisblüte
1 Msp. Kurkumapulver
1 EL Kithulpalmzucker

Zutaten für die Suppe:
$^1/_4$ TL Bockshornklee
  (am Vortag in 2 EL Wasser
  einweichen)
1 mittelgroße rote Chilischote
$^1/_2$ TL Kreuzkümmel
1 EL Koriander
3 Limettenblätter
10 Curryblätter
$^1/_2$ TL grobes Salz
250 g Lauchzwiebeln
$1^1/_2$ walnussgroßes Stück
  Ingwerwurzel
3 Knoblauchzehen
1 EL Pflanzenöl
1 Dose Kokosnussmilch
  (400 ml)
3–4 Orangen

und Kithulpalmzucker hinzufügen und erneut zerstoßen. Den Limettensaft in den Mörser geben und alles gut verrühren. Die Flüssigkeit in Eiswürfel-Behälter füllen und tiefgefrieren.

Zubereitung der Suppe:

Chilischoten halbieren, entkernen und Fruchtwände entfernen. Klein schneiden und in eine schwere, trockene Eisenpfanne geben. Kreuzkümmel und Koriander hinzufügen und bei schwacher Hitze anrösten. In einen Mörser geben.

Limetten- und Curryblätter fest zusammenrollen und in dünne Streifen schneiden. Ebenfalls in den Mörser geben und mit grobem Salz fein zerstoßen.

Bockshornklee hinzufügen und auch zerstoßen. Zwiebeln, Knoblauch und Ingwer sehr klein schneiden und in eine Kasserolle oder einen großen Wok, in dem ein Esslöffel Pflanzenöl erhitzt wurde, geben. Die zerstoßenen Zutaten aus dem Mörser und die am Vortag abgeraspelte Limettenhaut zufügen und alles bei schwacher Hitze anbraten. Wenn die Zwiebeln goldbraun sind, die Kokosnussmilch dazu gießen, warten, bis sie Blasen wirft, und noch weitere 10 Minuten köcheln. Vom Feuer nehmen. 5 Minuten abkühlen lassen, in einem Mixer sämig mixen, mit Salz abschmecken und 2 Stunden kühl stellen. Vor dem Servieren in eine große Schüssel geben, die Orangen pressen und die bisher dickflüssige Suppe mit dem frisch gepressten Orangensaft auf eine flüssigere Konsistenz einstellen.

In Schälchen aus halbierten Kokosnüssen oder in Suppenteller füllen.

Die Limetten-Eiswürfel in ein Handtuch geben und zerstoßen, die Splitter auf der Suppen-Oberfläche verstreuen und sofort servieren.

Bevor Sie mit der Zubereitung beginnen, sollten Sie sich vergewissern, ob Sie einen Pittu-Dämpfer besitzen oder über Küchengeräte verfügen, die das Zusammensetzen eines alternativen Pittu-Dämpfers ermöglichen (siehe Seite 48).

GEDÄMPFTE HIRSE-KOKOS-ROLLEN
Pittus

Zutaten für 4 Pittus:
250 g Kurukkan-Hirsemehl
  (auch Ragi-Mehl genannt)
$^3/_4$ TL fein gemahlenes Salz
250 g frisch geraspeltes
  Kokosnussfleisch
75 ml heißes Wasser
150 ml Kokossahne

Hirsemehl in eine große Pfanne geben und bei sehr kleiner Hitze leicht trocken rösten. In eine Teigschüssel sieben, Salz dazu geben und sehr gut vermischen.

Wasser zum Kochen bringen und in das Mehl träufeln, dabei ständig die Flüssigkeit mit einem Kochlöffel im Mehl verrühren. Mit den Fingerspitzen weiter mischen, bis eine Konsistenz erreicht wird, die Brotkrumen ähnelt (klumpt der Teig zu Bällen zusammen, muss etwas Mehl hinein gemischt werden; bildet er keine zusammenhängenden Krumen, muss etwas Wasser hinein gespritzt werden).

Geraspeltes Kokosnussfleisch in den Krumenteig geben, gleichmäßig vermischen aber nicht mit den Krumen verkneten.

Das Dampf-Basisgefäß zu $^3/_4$ mit Wasser füllen, das Mittelteil aufsetzen, die Röhre mit der Hirse-Kokosmasse füllen und dabei nur leicht zusammenpressen.

Die Röhre auf den Mittelteil setzen. (Verwenden Sie als Mittelteil ein Spitzsieb, müssen Sie um die Röhre ein nasses Leinentuch legen und gleichmäßig nach unten gegen die Außenwand der Röhre und die Innenwand des Siebes drücken. Auf diese Weise kann der Wasserdampf später nicht seitlich an der Röhre vorbei strömen, sondern nur durch sie hindurch.)

Dämpfen: Das Wasser im Basisgefäß zum Kochen bringen. Wenn der Dampf von unten nach oben aus der Röhre steigt, die Hitze etwas reduzieren und einen Deckel aus Aluminium-Folie oben über das Rohr stülpen. Darauf achten, dass immer genügend Wasser im Basisgefäß ist, notfalls kochendes Wasser nachfüllen. Nach 10 bis 15 Minuten Dämpfzeit das Rohr mit einem Handtuch vom Mittelteil nehmen und mit Hilfe eines Stößels die Pittu-Rolle vorsichtig auspressen. In 2–3 Rollen schneiden, auf Teller geben und Kokossahne darüber gießen. Mit reifen Mangos oder zu scharfen Sambols und Currys servieren. Eine Pittu-Variante wird erzielt, wenn anstelle des dunklen, aromatischen Hirsemehls helles, vorgedämpftes Reismehl mit weniger Eigengeschmack für eine ansonsten identische Mischung verwendet wird. Füllt man abwechselnd etwas von der hellen und dunklen Mischung in die Röhre, entsteht ein hübscher Kontrast.

Wissenswertes über traditionelle Pittu-Bambuwas aus Ton und Bambus finden Sie auf Seite 48.

Reismehl in einer schweren Eisenpfanne goldbraun trocken rösten und in eine Schüssel geben. Das Kokosnussfleisch raspeln und ebenfalls in der Pfanne trocken rösten.

In die Schüssel zum Reismehl geben, vermischen, Salz und lauwarmes Wasser hinzufügen und zu einem Vorteig kneten.

Die Curryblätter mit etwas grobem Salz in einen Mörser geben und zerreiben.

KOKOSNUSSBROT
Rotis

Zutaten für 4 Rotis:
300 g Reismehl
100 g frisches
  Kokosnussfleisch
1 TL feines Salz
1 Tasse Wasser
9 Curryblätter
1 Prise grobes Salz
4 frische grüne Chilis
3 Schalotten
1 EL Öl
2 EL Bonitoflocken
1 TL Ghee

Grüne Chilis klein hacken und im Mörser mit den Curryblättern zerstoßen.

Schalotten klein hacken und in einem Wok mit heißem Öl eine Minute anrösten. Die Chili-Curryblattmischung aus dem Mörser dazugeben und alles goldbraun rösten. Die Bonitoflocken darüber streuen und alles mit dem Vorteig zu einem zusammenhängenden, eher festen Teig kneten. Falls er dazu neigt, auseinander zu fallen, etwas Wasser hineinkneten.

Diesen Teig in 4 etwa Tennisball große Portionen zerteilen und auf einem fettabweisenden Papier zu einem ca. 5 mm dicken Fladen drücken.

Eine schwere Gusseisenpfanne mit Ghee ausstreichen, erhitzen und die Fladen hineingeben. Auf jeder Seite 3–4 Minuten backen, bis die Rotis knusprig sind.

Vielerorts werden Rotis auch auf einem engen Gitterrost über offener Flamme gegart, was unserer Meinung nach zu keiner geschmacklichen Verbesserung führt.

Ananas großzügig schälen, den mittleren Strunk entfernen, in Stücke schneiden und in einem großen Mörser erst mit einer Gabel, dann mit dem Schlegel zerdrücken, sodass sich der Saft vom Fruchtfleisch trennt. Den Saft zur Seite stellen und das Fruchtfleisch zusammen mit Mehl, Ei, Rohrzucker und den Chilischoten in einem Mixer zu einem nicht zu flüssigen Teig mixen.

Die Sardellen ausnehmen, den Kopf abschneiden und mit dem Zeigefinger längs

SARDELLENFILETS IN ANANASKRUSTE
Saalayo Annasi Karauru

Zutaten für einen kleinen Teller:
$^1/_2$ frische Ananas
3 EL Mehl
1 Ei
1 EL Rohrzucker
4 grüne frische Chilischoten
12 Sardellen oder Sprotten
500 ml Öl zum Ausbacken
Salz zum Abschmecken

von vorne nach hinten an der Wirbelsäule entlang die Filets abtrennen. In einem Ausbackgefäß oder in einer Pfanne eine größere Menge Öl erhitzen, die Sardellen in die Teigmasse tauchen und nach und nach im Öl ausbacken.

Abtropfen lassen und Stück für Stück in den Ananassaft tauchen, reichlich salzen und servieren.

Die Paprikaschoten waschen und in Aluminiumfolie dicht einwickeln. In ausglühende Holzkohleglut legen und damit gut bedecken. Nach 1 Stunde herausholen und die Alufolie entfernen. Optional im Backofen bei kleiner Hitze ca. 120 °C 3 Stunden garen (die Paprikas sind dann in sich zusammengefallen und der Saft ist vollständig im Fruchtfleisch). Die schützende Schale, die sich jetzt leicht löst, abziehen. Paprikaschoten in fingerbreite Längsstreifen reißen.

PAPRIKA AUS DER GLUT
Ganthu Gobada

Zutaten für eine kleine Platte:
3 rote Paprikas (unbeschädigt)
1 gehäuften EL Macisblüte
$\frac{1}{2}$ TL grobes Salz
1 EL Kithulpalmzucker
2 EL Tamarindenmark
$\frac{1}{4}$ Tasse Wasser

Macisblüte mit grobem Salz in einem Mörser fein zerstoßen. Den Kithulpalmzucker hinzufügen und weiter zerstoßen.

Tamarindenmark in $\frac{1}{4}$ Tasse lauwarmem Wasser einweichen und durch ein feines Sieb passieren. In den Mörser geben, gut miteinander verrühren, die Paprikastreifen damit benetzen und mindestens eine Stunde in dieser Marinade ziehen lassen. Diese Vorspeise ist auch eine besonders erfrischende Beilage für Fleischgerichte.

MEERKATZENMOUSSE IN GEBÄCKKÖRBCHEN
Anagathpiti Mora

Zutaten für 8 Körbchen:
Für die Mousse:
400 g Meerkatzen,
  ausgenommen, enthäutet
  (oder 400 g Schillerlocken)
3 cl Arrak
1 EL Tomatenmark
$1/8$ TL Chilipulver
$1/8$ TL Salz
3 EL Büffeljoghurt oder
  Crème fraîche
$1/2$ kleine grüne Paprika

Für die Teigkörbchen:
1 Tasse Wasser
1 Ei
$1/8$ TL Chilipulver
$1/4$ TL Salz
1 Tasse Weizenmehl (100 g)
750 ml Pflanzenöl zum
  Ausbacken

Zubereitung für die Meerkatzenmousse:

Die Meerkatzen werden ausgenommen, gehäutet, geräuchert und von der Wirbelsäule befreit (siehe Räuchern, Seite 42). Eine Alternative sind fertig geräucherte Meerkatzen, die auch als Schillerlocken gehandelt werden. Eine weitere Alternative ist Lachs, dessen Fleisch allerdings wesentlich milder im Geschmack ist. Die Meerkatzen in einen Elektromixer geben und mit Arrak, Tomatenmark, Chilipulver, Salz und Büffeljoghurt oder Crème fraîche zu einer homogenen Masse verarbeiten.

Paprika in ca. 2 x 2 mm kleine Würfel schneiden und untermengen. Diese Masse mindestens zwei Stunden im Kühlschrank ziehen lassen und erst kurz vor dem Servieren in die Gebäckkörbchen füllen.

Zubereitung der Gebäckkörbchen:

Ursprünglich wurden Steine in Glut erhitzt, herausgeholt und mit Teig übergossen. Auf diese Weise wurde der Teig gebacken. Durch Abziehen der geschlossenen Hälfte gewann man ein Gebäckkörbchen, das sich hervorragend mit Fisch-Mousse und anderen Köstlichkeiten füllen ließ. Vermutlich die »steinzeitliche« Urform des Hopper. Ungeeignete Steine platzten in der Glut manchmal explosionsartig auseinander und führten zu Verletzungen statt zu Genüssen. Wir raten deshalb zu einer komfortableren Methode, die auch ohne Glut brauchbare Gebäckkörbchen ergibt. Zunächst wird der Körbchenteig angerührt: Wasser, Ei, Chilipulver, Salz und Mehl zu einer zähflüssigen Masse mischen. Formschöne kinderfaustgroße Steine auswählen und jeweils bis zur Hälfte eng mit dreifach gefalteter Aluminiumfolie umformen, (fest andrücken). Die so entstandenen Halbschalen vorsichtig von den Steinen ziehen.

In einem kleinen, tiefen Topf Frittieröl stark erhitzen und jede Aluminumform einzeln erst 2 Minuten im Öl untertauchen, mit der Öffnung nach unten vorsichtig mit einer Grillzange herausholen und mit dem Gebäckteig übergießen. Erneut ins heiße Öl tauchen, warten, bis der Teig goldbraun gebacken ist, nochmals herausholen, mit Teig übergießen und wieder im Öl goldbraun backen. Wiederholen, bis die Teigkruste 3 mm dick ist. Auf einem Küchentuch abtropfen lassen und danach die Folie vorsichtig aus dem Inneren des Körbchens ziehen. Die Mousse aus dem Kühlschrank holen, in die Teigkörbchen füllen und servieren.

Die Tomaten in kochendes Wasser werfen und warten, bis das Wasser erneut zu kochen beginnt. Die Haut der Tomaten abziehen und durch den Stielansatz schneidend halbieren. Den Stielansatz herausschneiden und die Hälften mit den Schnittstellen nach oben auf ein mit Aluminiumfolie geschütztes Backblech legen. Die Schnittstellen mit Rohrzucker und feinem Salz bestreuen.

TOMATENSUPPE MIT PAPAYASCHLEIER
Gaslabu-Thakkalisup

Zutaten für 6 Personen:
1 Kg aromatische Tomaten
2 EL Rohrzucker
1 TL feines Salz
2 mittelgroße rote Chilis
$\frac{1}{2}$ TL grobes Salz
1 Haselnussgroßes Stück Ingwerwurzel
2 Stängel Zitronengras
1 EL Pflanzenöl
2 EL Kokosraspeln
600 ml Kokosnussmilch
$\frac{1}{4}$ TL Kurkumapulver
1 reife Papaya
1 Limette
12 Basilikumblätter

Im Backofen bei schwacher Hitze (ca. 100 °C) im obersten Einschubfach 2 bis 2 $\frac{1}{2}$ Stunden backen. Die Chilis halbieren, die Kerne und Fruchtwände entfernen, klein schneiden und in einer kleinen, schweren Eisenpfanne dunkelbraun rösten. In einen Mörser geben, $\frac{1}{4}$ Teelöffel grobes Salz dazugeben und fein zerstoßen.

Die Ingwerwurzel schälen und klein hacken. Das Zitronengras von den äußeren, holzigen Hüllen befreien und die unteren 10–15 cm klein hacken. Zusammen mit dem Ingwer und dem restlichen $\frac{1}{4}$ Teelöffel grobes Salz in den Mörser geben und zerstoßen. In einem Wok einen Esslöffel Pflanzenöl erhitzen und die Mischung aus dem Mörser darin eine Minute anrösten, die Kokosraspeln dazugeben und

rühren, bis alle Zutaten mittelbraun sind. Mit 400 ml Kokosnussmilch ablöschen und 15 Minuten aufkochen. Den so aromatisierten Kokossud durch ein Spitzsieb pressen und zur Seite stellen. Die Tomaten aus dem Backofen herausholen, sobald sie eine trockene Oberfläche haben, aber im Innersten noch etwas feucht sind, und mit den restlichen 200 ml Kokosnussmilch und $^1/_4$ Teelöffel Kurkuma in einem Mixer pürieren. Die Papaya schälen, halbieren, entkernen und 6 möglichst großflächige hauchdünne schleierartige Scheiben schneiden oder hobeln. Mit dem Saft einer Limette bestreichen und ziehen lassen. Erst kurz vor dem Servieren den aromatisierten Kokossud zum Kochen bringen, das Tomatenpüree dazugeben, unter ständigem Rühren eine Minute aufkochen. In Suppenteller füllen. Je einen Papayaschleier und 2 klein gerissene Basilikumblätter dazugeben und sofort servieren.

FISCH UND MEERESFRÜCHTE

SÜSSSAURER TONTOPF-FISCH
Ambulthiyal

Zutaten für 6 Personen:
25 g Gamboge
6 kleine rote Chilischoten
1 Tasse Wasser
3 Nelken
$1/2$ TL schwarzer Pfeffer
3 frische grüne Chilischoten
1 walnussgroßes Stück Ingwer
5 Knoblauchzehen
$1/4$ TL Kurkumapulver
2 TL Pflanzenöl
1,5 kg Tunfisch oder Bonito
25 Curryblätter
1 EL milder Essig
1 EL Limettensaft
1 Prise Salz

Das bedeutendste Beispiel der lankischen Tontopfküche ist unumstritten der saure Ambulthiyal-Fisch, benannt nach der südwestlichen Küstenstadt Ambalangoda. Dieses Gericht erhält seinen charakteristisch sauerscharfen Geschmack durch eine Zutat, welche auf Sri Lanka Goraka und bei uns Gamboge genannt wird. Mehr zur Gamboge im Kapitel »Gewürze« auf Seite 20. Die konservierenden Eigenschaften der Gamboge erlauben, den mit ihr zubereiteten Balya-Fisch (eine Tunfisch-Art) in Sri Lankas feucht-warmem Klima über eine Woche ungekühlt aufzubewahren.

Ein Vorteil dieses Gerichts ist, dass es Tage vorher zubereitet werden kann und die Köche sich den Gästen widmen können. Die lankische Bevölkerung genießt Ambulthiyal am liebsten mit Kokosnuss-Milchreis: Kiri Bath (Rezept auf Seite 44).

   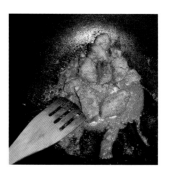

Zubereitung:

Die Gamboge und die entkernten roten Chilischoten 3 Stunden in einer Tasse lauwarmem Wasser einweichen.

Nelken und Pfeffer in einer kleinen, schweren Eisenpfanne anrösten und in einem Mörser oder einer Kaffeemühle mahlen. Zusammen mit grünen Chilis, Ingwer, Knoblauch, Kurkuma, einem Teelöffel Pflanzenöl, roten Chilis und Gamboge nebst Einweichwasser in einen Elektromixer geben und zu einer streichfähigen Gewürzpaste verarbeiten.

Den Fisch in große Portionsstücke schneiden und rundum Stück für Stück mit der Gewürzpaste bestreichen. Einen großen, flachen Tontopf (ersatzweise eine große Pfanne) mit Pflanzenöl ausreiben, die restliche Gewürzpaste hineingeben und die Fischstücke nebeneinander im Topf verteilen. Die Curryblätter darüber geben und zum Kochen bringen. Die Hitze reduzieren, die Fischstücke sofort wenden und so lange garen, bis nur noch wenig Flüssigkeit übrig bleibt. Den Fisch beidseitig mit Essig beträufeln und weiter garen, bis die Flüssigkeit vollständig verkocht ist.

Vom Feuer nehmen, mindestens 10 Minuten abkühlen lassen, mit Limettensaft und Salz abschmecken und lauwarm servieren. (Die wenig feuchte, eher trockene Konsistenz ist gewollt.)

Soll der Fisch erst in den nächsten Tagen serviert werden, kann er dann kurz über Wasserdampf aufgeheizt werden.

BASILIKUMMUSCHELN MIT PIKANTER PAPRIKA

Suwede Bello Miris

Zutaten für 4 Personen:
2 kg Miesmuscheln
$1/2$ kleine rote Paprika
$1/2$ kleine grüne Paprika
2 lange, rote, mittelscharfe Chilis
1 walnussgroßes Stück Ingwer
$1/8$ TL Chilipulver
2 EL Pflanzenöl
$1/8$ TL Currypulver
1 EL Rohrzucker
$1/4$ TL Kurkumapulver
1 Bund frisches Basilikum

Muscheln säubern. Rote und grüne Paprikahälften sowie die Chilis in Streifen schneiden. Ingwer fein hacken. Chilipulver in einer Kasserolle trocken rösten, dann 2 Esslöffel Öl hinzugeben, die Chilis darin anbraten, Currypulver darüber streuen. Hitze erhöhen. Die Muscheln in die Kasserolle schütten, ständig rühren, bis sie sich öffnen und Flüssigkeit abgeben (ca. 2–3 Minuten).

Die Muschelschalen von den Muscheln trennen und die Schalen wegwerfen. Die Muscheln wieder in die Kasserolle geben.

Rohrzucker, Paprikastreifen, Ingwer, Kurkuma und die Hälfte des frischen Basilikums hinzugeben, alles gut umrühren, die Kasserolle zudecken und 3 Minuten kochen. Bis auf wenige Blätter das restliche Basilikum dazugeben und weitere 2 Minuten auf kleiner Flamme köcheln. Mit den restlichen Basilikumblättern garnieren und heiß servieren.

Den hervorragenden Geschmack möglichst nicht durch Zugabe von Salz verderben.

Kartoffeln waschen, nicht schälen, und in einem Topf mit viel Wasser gar kochen. (Mit Schalen gekocht saugen die Kartoffeln weniger Feuchtigkeit.) Kartoffeln pellen, in zimtstangengroße Stifte schneiden und zerkrümeln.

Fischfilets waschen, in große Würfel schneiden und gleichmäßig mit Chilipulver bestreuen. In einen mittleren Topf geben, auf dem Boden verteilen und Wasser anschütten, bis die Fischwürfel gerade damit bedeckt sind. Kokosnussmilch dazu-

BONITOFISCHBÄLLCHEN IN KNUSPRIGER KOKOSHÜLLE
Malu Pol Cutlets

Zutaten für ca. 20 Fischbällchen:
5 Kartoffeln, mittelgroß
500 g Bonitofilet (oder Filet
  von einem fasrigen Fisch mit
  starkem Eigengeschmack)
$1/2$ TL Chilipulver
2 Tassen Wasser
8 EL Kokosnussmilch
5 Schalotten
1 Knoblauchzehe
1 EL Pflanzenöl
2 TL Salz
2–3 Kardamomkapseln
2 Eier
$1/2$ TL Kurkumapulver
$1/4$ TL Pfeffer
2 Tassen Kokosraspel
250 ml Frittieröl

gießen und ca. 2–3 Minuten kochen. Etwas abkühlen lassen und die Fischwürfel zwischen den Fingern zerfasern.

Schalotten und Knoblauch in dünne Längsstifte schneiden. Öl in einem schweren Topf erhitzen, Schalotten und Knoblauch darin goldbraun rösten. Kartoffeln dazugeben und auf winziger Flamme erst rührend, dann stampfend eine gleichmäßige Masse herstellen. Vom Feuer nehmen, einen Teelöffel Salz hineingeben und den zerfaserten Fisch unterrühren.

Kardamom schälen, die Samen herausnehmen, im Mörser zerstoßen und gut in der Masse vermischen. Abkühlen lassen und durch langes Kneten golfballgroße Kugeln herstellen.

Eier in einer Schüssel aufschlagen und verrühren.
Ein Teelöffel Salz, Kurkuma und Pfeffer hineinmischen.
Die Kugeln in die Eimasse tauchen, dann in Kokosraspel wälzen.

Frittieröl in einem Topf erhitzen und ein Bällchen nach dem anderen im Öl goldbraun ausbacken. Mit einem Gitter-Schöpflöffel die Bällchen aus dem heißen Fett heben, auf Küchenpapier abtropfen lassen und servieren.

Die Bockshornkleesamen und das gehackte Viertel einer grünen Chilischote in einer schweren Pfanne trocken rösten. Öl hinzugeben und erhitzen. Eine sehr fein geschnittene rote Gemüsezwiebel hinzugeben und glasig rösten. Aus einer Dose Kokosnussmilch die oben schwimmende Kokossahne (ca. 100 ml) abschöpfen und beiseite stellen. Die verbleibenden 300 ml Kokosnussmilch in einen großen Topf gießen und mit Curryblättern, den klein gehackten Knoblauchzehen und 2 Teelöffel

KÖNIGSGARNELEN-CURRY
Karaduisso Hodi

Zutaten für 4 Personen:
1 TL Bockshornkleesamen
$1/4$ einer grünen Chilischote
1 TL Öl
1 kleine rote Gemüsezwiebel
300 ml Kokosnussmilch
 (400 ml Dose)
13 Curryblätter
3 Knoblauchzehen
2 walnussgroße Stücke
 Ingwerwurzel
1 Zimtstange
1 TL Kurkumapulver
20 große Königsgarnelen
1 Bund Frühlingszwiebeln
1 EL Reismehl
2 EL Kokosflocken
100 ml Kokossahne
4 EL Zitronensaft

frisch zerstoßenen Ingwer erhitzen. Eine Zimtstange in Längsrichtung vierteln und 9 Bruchstücke (jedes ca. 6 cm lang) in den Topf geben.

Kurkuma und die angeröstete Zwiebel-Bockshornklee-Chili-Mischung unterrühren. Sobald alles zu kochen beginnt, die gewaschenen Garnelen hineingeben und 2 Minuten mitkochen, damit sich die Schalen, Köpfe und Schwänze ablösen lassen. Herausholen und sobald die Temperatur es zulässt, das Garnelenfleisch aus

den Krusten lösen und zur Seite stellen. (Wenn Sie jetzt bereit sind, die Schalen, Köpfe und Schwänze wieder in die köchelnde Flüssigkeit zu geben, werden Sie mit einem wesentlich authentischeren Geschmack belohnt.) Bereits jetzt für die Garnierung Lauch von Frühlingszwiebeln in dünne Streifen schneiden, blanchieren und zur Seite stellen.

Reismehl in einer schweren Eisenpfanne trocken rösten und in einen Elektromixer geben, dann die Kokosflocken in der Pfanne goldbraun rösten. Ebenfalls in den Mixer geben, löffelweise Kokossahne hineingießen und zu einer cremigen Sauce verarbeiten. Zur Seite stellen.

Die Garnelenkrusten, die jetzt bereits 15 Minuten köcheln, aus dem Topf holen und in eine kleine Schüssel legen, eine Tasse mit heißem Wasser darüber gießen, mit einer Gabel auspressen, umrühren und die Flüssigkeit in den Topf zurückschütten. Die Krusten wegwerfen.

Die cremige Kokossauce löffelweise in den kochenden Sud rühren, Zitronensaft hinein gießen, das Garnelenfleisch dazugeben und weitere 2 Minuten köcheln lassen.

Auf Teller geben, mit den Zwiebellauchstreifen garnieren und servieren.

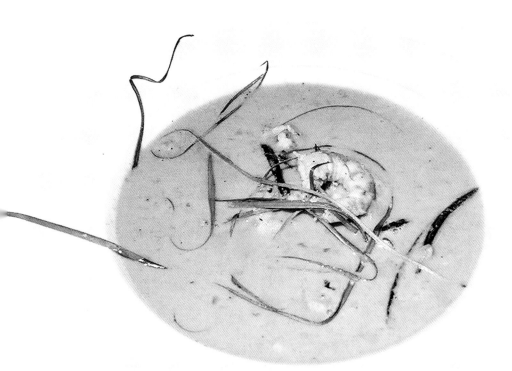

KALMAR MIT SCHARFER SÜSSKARTOFFEL-FÜLLUNG

Sere Batalepurwapu Dello

Zutaten für 4 Personen:
4 frische Kalmare
  (jeder ca. 200 g)
400 g Süßkartoffeln
4 frische rote Chilischoten
1 $^1/_2$ TL grobes Salz
1 EL Rohrzucker
12 Curryblätter
3 Schalotten
4 Knoblauchzehen
3 EL Pflanzenöl
3 EL Bonitoflocken
$^1/_8$ TL schwarzer Pfeffer
2 Tassen Kokosnussmilch
1 Tasse Wasser
1 TL feines Salz
$^1/_4$ TL Kurkumapulver
$^1/_4$ TL Chilipulver

Die Köpfe und Tentakel der Kalmare aus der Körperhülle ziehen, dabei mit dem Zeigefinger die innere Verbindungsstelle zertrennen, damit der Tintensack nicht zerplatzt.

Die Tentakel knapp am Kopf so abschneiden, dass sie noch alle zusammenhängen. Den Rest des Kopfes mit den Eingeweiden wegwerfen. Das transparente Schwert aus der Körperhülle ziehen, die äußere Haut mit den Fingerspitzen abstreifen und ebenfalls wegwerfen.

Süßkartoffeln waschen, schälen und in kleine Würfel schneiden. Rote Chilischoten entkernen, die inneren Wände entfernen, das Fruchtfleisch klein hacken und in einen Mörser geben. Grobes Salz, Rohrzucker und Curryblätter dazugeben und zerstoßen.

Schalotten und Knoblauch klein hacken. Einen Esslöffel Pflanzenöl in einem Topf erhitzen, Knoblauch und Schalotten darin goldbraun anrösten. Süßkartoffeln dazugeben und mit Wasser auffüllen, bis die Kartoffelwürfel gerade mit Wasser bedeckt sind. Kochen, bis die Flüssigkeit fast verdunstet ist.

Im Mörser 3 Esslöffel Wasser in die Curryblatt-Chili-Paste rühren und zu den Süß-kartoffeln gießen. Köcheln, bis die Flüssigkeit völlig verdunstet ist und die Süßkar-toffeln sich mit einer Gabel zerdrücken lassen. Vom Feuer nehmen und zu einer groben Paste verarbeiten. Abkühlen lassen.

Frisch gemahlenen Pfeffer und Bonitoflocken gleichmäßig in die Paste mischen. Etwas Paste in die Kalmar-Körper füllen, dann die Tentakel mit den dünnen Enden zuerst hineinschieben und mit Paste auffüllen.

Die Öffnung zusammendrücken und einen Zahnstocher quer durchstecken, damit sie verschlossen bleibt. Die übrig gebliebene Paste mit Kokosnussmilch, Wasser, feinem Salz, Kurkuma- und Chilipulver gleichmäßig zu einer flüssigen Sauce vermischen.

In einer schweren großen Pfanne 2 Esslöffel Pflanzenöl erhitzen und die gefüllten Kalmare darin von allen Seiten anbraten (ca. 3 Minuten).

Die Sauce darüber gießen und 6–7 Minuten darin garen, dabei die Kalmare ständig wenden. Vom Feuer nehmen, die Zahnstocher entfernen und heiß servieren.

Miesmuscheln reinigen und entbarten. Chilischoten entkernen und in dünne Streifen schneiden. Zitronengras von den äußeren, harten Hülsen befreien, die unteren zarten 10 cm erst in dünne Ringe schneiden, dann klein hacken. Knoblauch, rote Zwiebeln und Petersilie klein hacken und mit Zucker und grobem Salz im Mörser zerstoßen. Den Saft der Limette hineinpressen und zu einer Paste verrühren.

MIESMUSCHELN VOM GRILL
Gindara Bello

Zutaten für 4 Personen:
1,2 kg Miesmuscheln
2 rote Chilischoten
3 Stängel Zitronengras
10 Knoblauchzehen
2 rote Zwiebeln
2 Bund Blattpetersilie
4 EL Zucker
2 TL grobes Salz
1 Limette

Auf einem Grill Glut erzeugen, die Muscheln auf dem Rost verteilen und 5 Minuten auf jeder Seite garen. Die Paste mit einem Löffel in die bereits geöffneten Muscheln geben und weitere 3 Minuten über der Glut ziehen lassen.
Auf Teller geben und servieren.

Kreuzkümmel, Bockshornkleesamen, Fenchelsamen, schwarze Senfsamen in einer kleinen Eisenpfanne trocken rösten und fein mahlen.

In einem großen Topf Wasser zum Kochen bringen und die Krabben einzeln mit dem Kopf zuerst ins Wasser werfen. Zwei Minuten kochen, um sie auf diese Weise zu töten. Scheren und Beine mit einer Geflügelschere abschneiden und mit der Spitze der Geflügelschere Löcher in die Krusten stechen, sodass sich beim

KRABBENCURRY
Kakuluwo

Zutaten für 4 Personen:
1 TL Kreuzkümmel
$^1/_2$ TL Bockshornkleesamen
1 TL Fenchelsamen
1 TL schwarze Senfsamen
4 große oder 6 kleine Krabben
$^1/_4$ einer roten Zwiebel
5 Knoblauchzehen
3 frische grüne Chilischoten
4 TL Pflanzenöl
24 Curryblätter
$^1/_2$ TL Chilipulver
600 ml (1 $^1/_2$ Dosen)
  Kokosnussmilch
2 TL grobes Salz
1 walnussgroßes Stück Ingwer
1 Stück Gamboge
  (haselnussgroß)
1 Limette

Garen die Aromen vermischen können, Zwiebel und Knoblauch klein hacken, grüne Chilis in dünne Ringe schneiden.

In einer Kasserolle 3 Esslöffel Öl erhitzen, 12 Curryblätter hineingeben, umrühren, dann Knoblauch, Zwiebel, Chili-Ringe, Chilipulver, Krabbenkörper, -zangen und -beine dazugeben, die gemahlenen Gewürze darüber streuen und alles kräftig umrühren. Kokosnussmilch hineinschütten, salzen, umrühren und 15 Minuten auf kleiner Flamme kochen. Häufig umrühren. Ingwer und Gamboge klein hacken und mit grobem Salz und 12 Curryblättern in einem Mörser zu feiner Paste zerstoßen. Die Limette hineinpressen, verrühren und alles zu den Krabben gießen. 30 Sekunden aufkochen, dabei gut verrühren. Sofort auf Teller geben, schwarzen Pfeffer darüber mahlen und mit Reis servieren.

Chilischoten entkernen und in Längsstreifen schneiden, aus den Kardamomkapseln die Samen herausholen, die Hülsen wegwerfen. Die Zimtstange zwischen den Fingern zerbröseln. Alles in eine kleine, schwere Eisenpfanne geben, Bockshornkleesamen, Koriandersamen, Kreuzkümmel, Schwarzkümmel hinzufügen und auf kleiner Flamme trocken rösten. Im Mörser fein zerstoßen oder in einer Kaffeemühle mahlen und danach in einen Mörser geben.

BONITO VOM HOLZKOHLEFEUER MIT INGWERSAUCE
Gindala Beduna

Zutaten für 4 Personen:
2 rote Chilischoten
3 Kardamom-Kapseln
$^{1}/_{2}$ Zimtstange
1 TL Bockshornkleesamen
2 TL Koriandersamen
1 TL Kreuzkümmel
1 $^{1}/_{2}$ TL Schwarzkümmel
1 Kaffir-Limette
2 TL Kithulpalmzucker
1 $^{1}/_{2}$ TL Salz
1 Limette
1 kleinen Bonito oder
 2 Thunfischfilets (700–1000 g)
125 g Ingwer
4 EL Ghee oder Butter
1 TL milder Essig
1 Tasse Kokossahne

Die Schale einer Kaffir-Limette bis tief ins Innere abraspeln, das verbleibende Fruchtfleisch klein hacken, mit 1 $^{1}/_{2}$ Esslöffeln Kithulpalmzucker, und 1 Teelöffel Salz zu der Gewürzmischung in den Mörser geben und zerstoßen. Limettensaft hineinpressen und zu einer cremigen Marinade vermischen.

Den Bonito ausnehmen, waschen, filetieren und aus den Innenseiten der Filets die Gräten mit Hilfe einer Pinzette herausziehen. Bonitofleisch zerreißt sehr schnell – deshalb vorsichtig enthäuten (mit der Haut auf eine feste Unterlage legen, die Klinge eines großen Messers, vom Schwanzende beginnend, zwischen Haut und Fleisch horizontal nach vorne führen und dabei an der Haut ziehen). Die Filets von beiden Seiten mit der Marinade bestreichen und in eine lebensmitteltaugliche Plastiktüte geben. Die Luft aus der Tüte pressen und fest verschließen, 3 bis 4 Stunden darin marinieren.

Den Ingwer schälen und in hauchdünne Scheiben schneiden oder hobeln. Ghee in einer Pfanne erhitzen und den Ingwer leicht angaren, den Essig hineinrühren. Kokossahne, $^1/_2$ Teelöffel Salz und $^1/_2$ Esslöffel Kithulpalmzucker hinzufügen, kurz aufkochen lassen und beiseite stellen.

Das Holzkohlefeuer entzünden, die Ingwersauce bei kleiner Hitze warm stellen. Servierteller bereitstellen. Wenn eine gleichmäßig heiße Holzkohle-Glut entstanden ist, die Bonitofilets vorsichtig aus der Marinade holen und auf einem engen Gitterrost legen. Auf die Glut stellen und bei großer Hitze von beiden Seiten 2–3 Minuten grillen, so dass das Äußere zwar knusprig gegart, das Innere aber keinesfalls trocken ist.

Die Filets in der Mitte teilen, auf die Teller legen, die Ingwersauce mit den Ingwerscheiben seitlich angießen und servieren.

DORADENCURRY
Maluhodi Vimal

Zutaten für 4 Personen:
4 getrocknete rote Chilis
1 EL Koriandersamen
1 TL Currypulver
1 TL grobes Salz
7 Schalotten
2 Knoblauchzehen
3 Tomaten
3 mittelgroße Doraden
1 Stück Gamboge
3 Tassen Kokosnussmilch
2 Tassen Wasser
1 TL Kurkumapulver
$^1/_2$ TL Salz

Die getrockneten roten Chilischoten entkernen, klein hacken und mit Koriandersamen und Currypulver in einer kleinen, schweren Eisenpfanne trocken rösten. In einen Mörser geben, grobes Salz dazuschütten und fein zerstoßen.

Schalotten und Knoblauchzehen in schmale Stifte schneiden, Tomaten in Scheiben schneiden. Die Doraden schuppen, ausnehmen, waschen und jeden Fisch in 4–5 Stücke schneiden.

Zwei Tassen Kokosnussmilch und eine Tasse Wasser in eine Kasserolle gießen und erhitzen. Schalotten, Knoblauch, Tomaten, Gamboge und die Gewürzmischung aus dem Mörser hineingeben. Beginnt die Flüssigkeit zu kochen, die Doradenstücke nebeneinander hineinlegen. Kurkumapulver darüber streuen. Eine

weitere Tasse Kokosnussmilch darüber gießen und so viel Wasser anschütten, bis die Fischstücke fast bedeckt sind. Die Kasserolle zudecken und auf kleiner Flamme ca. 10 Minuten köcheln. Den Garzustand mit einer Löffelspitze prüfen: Dringt sie durch die Haut ins Innere des Fisches, die Kasserolle vom Feuer nehmen.

Das Gamboge-Stück entfernen, Doradencurry mit Salz abschmecken und mit Reis servieren.

SCHWERTFISCHAUFLAUF IN TAROBLATT-SCHÄLCHEN
Tala Pathmalu Kodele

Zutaten für 4 Personen:
2 EL Ghee
2 EL Weizenmehl
1 Tasse Kokosnussmilch
4 Eier
$^1/_2$ TL Bockshornkleesamen
3 rote Chilischoten
$^1/_4$ einer roten Paprika
3 Kaffir-Limettenblätter
9 Curryblätter
500 g Schwertfischfilet
3 Knoblauchzehen
1 TL Salz
1 Msp. schwarzer Pfeffer
$^1/_2$ Dose Kokossahne
4 Taroblätter oder
  1 Bananenblatt
1 Chinakohl

Ghee in einem schweren Topf erhitzen und mit Weizenmehl auf kleiner Flamme zu einer homogenen Masse verrühren. Kokosnussmilch in einem kleinen Topf aufkochen lassen und sofort mit einem Schneebesen unter ständigem Rühren in die Ghee-Teigmasse rühren, bis eine homogene Masse entsteht. Vom Feuer nehmen und 4 Eigelb nach und nach gleichmäßig einrühren. Das Eiweiß kühl stellen.

In einer schweren Eisenpfanne die Bockshornkleesamen mit den in dünne Streifen geschnittenen Chilischoten anrösten.

Die rote Paprika, die Kaffir-Limetten- und Curryblätter in dünne Längsstreifen schneiden und beiseite stellen. Von den Schwertfischfilets 350 g in 4 cm lange, dünne Streifen schneiden. Die restlichen 150 g mit Knoblauchzehen, den angerösteten Gewürzen, Salz, Pfeffer und der Kokossahne in einem Elektromixer zu einer gleichmäßigen Masse verarbeiten.

Aus Taro- oder Bananenblättern 20 cm große Kreise schneiden (Teller oder Topfdeckel sind hilfreich). Einschneiden, (siehe Bild oben) die vier Seiten hochknicken und mit Zahnstochern fixieren, dass ein Körbchen entsteht.

Von einem Chinakohl vorsichtig die einzelnen Blätter auslösen, kurz blanchieren und die Taroblatt-Körbchen damit auslegen. Dieser doppelte Boden dichtet nicht nur die Körbchen, sondern gibt dem Gericht eine weitere wichtige Geschmacksnote.

Das kühl gestellte Eiweiß zu festem Eischnee schlagen, einen Esslöffel davon unter die Kokos-Fisch-Mischung heben.

Die Fischstreifen mit den Paprika-, Curry- und Limettenblattstreifen in der Masse vermengen. Nach und nach vorsichtig den restlichen Eischnee unterheben.

Die Blattkörbchen eng nebeneinander auf ein Backblech stellen und, falls erforderlich, seitlich mit rohen Kartoffeln stützen. Die Masse in die Taroblatt-Körbchen füllen und bei 200 °C in einem vorgeheizten Ofen 35 Minuten backen, bis die Oberfläche mittel- bis dunkelbraun ist.

Heiß servieren.

Fisch in kleine Stücke schneiden und in eine Schüssel geben. Curry-, Chili- und Kurkumapulver vermischen und gleichmässig über die Fischstücke streuen. Etwa 10 Minuten ziehen lassen. Knoblauchzehen vierteln, Zitronengras von den äußeren, harten Hüllen befreien und in Ringe schneiden.

Öl in einem Topf erhitzen, erst Kreuzkümmel, Fenchel und Nelken darin etwas anrösten, dann Zitronengras, Knoblauch und Curryblätter darin goldbraun anbraten.

FISCHCURRY MIT MANGOSTANEN
Mëngustïn Maluhodi

Zutaten für 4 Personen:
500 g Seehecht
2 EL Currypulver
1 TL Chilipulver
1 TL Kurkumapulver
7 Knoblauchzehen
2 Stängel Zitronengras
2 EL Pflanzenöl
1 TL Kreuzkümmel
1 TL Fenchelsamen
10 Gewürznelken
20 Curryblätter
400 ml Kokosnussmilch
1 TL Salz
2 Mangostanen

Die gewürzten Fischstücke dazugeben und 2 Minuten erhitzen, dabei vorsichtig rühren.

Kokosnussmilch angießen, salzen und auf mittlerer Flamme 5 Minuten köcheln. Währenddessen das Mangostanen-Fruchtfleisch aus der Hülle holen und in dünne Streifen schneiden.

Den Fischcurry auf Teller geben. Die Mangostanen-Streifen darüber verteilen und sofort servieren.

Marinade zubereiten: 6 Chilischoten vierteln und entkernen, Kardamom-Kapsel öffnen und mit den Nelken in einer kleinen schweren Eisenpfanne langsam trocken rösten. Grobes Salz mit dieser gerösteten Gewürzmischung in einen Mörser geben und fein zerstoßen. Kurkumapulver, Basilikum, fein gehackten Knoblauch und Ingwer hinzufügen. Weiter zerstoßen. Kithulpalmzucker hinzufügen und weiter zerstoßen. $1/4$ Tasse frisch gepressten Zitronensaft hinzugeben und zu einer

GERÄUCHERTE MAKRELE AUF KAROTTEN-PAPRIKA-MOUSSE
Dumewelu Katta Karet Amberagath

Zutaten für 4 Personen:
Zutaten für die Marinade:
6 rote Chilischoten
1 Kardamomkapsel
3 Nelken
1 TL grobes Salz
$1/4$ TL Kurkumapulver
10 Basilikumblätter
2 Knoblauchzehen
2 walnussgroße Stücke Ingwer
1 TL Kithulpalmzucker
$1/4$ Tasse Zitronensaft

Zutaten fürs Räuchern:
2 Makrelen (ca. 800 g)
2–3 Zimtstangen
4 getrocknete
  rote Chilis
8 Nelken

Marinade verrühren. Die Makrelen ausnehmen, gut auswaschen, abtropfen, abtupfen und in ein längliches Gefäß oder eine lebensmitteltaugliche Plastiktüte legen. Die Marinade darüber gießen, hin und wieder wenden, damit die Makrelen gänzlich mit der Marinade in Berührung kommen.

Vorbereitung fürs Räuchern: Zimtstangen, getrocknete rote Chilis und Nelken mit Hilfe von Haushaltsschere und Hackmesser zerkleinern. Den Boden einer großen Kasserolle mit Alu-Folie auslegen und die Gewürzmischung gleichmäßig darauf verteilen. Eine weitere Alu-Folie darüber decken und rundherum einen kleinen, ca. 1 cm hohen Rand formen (so wird verhindert, dass die Marinade in die Gewürzmischung, die uns als Räuchermehl dienen soll, tropft und zusammenkocht.)

Die Makrelen frühestens nach 30 Minuten aus der Plastiktüte holen, die Marinade abstreifen und aufbewahren.

Zutaten für die Karotten-
Paprika-Mousse:
1 kg Karotten
250 g Gemüsezwiebeln
4 EL Ghee oder Butter
3 EL frisch geraspeltes
  Kokosnussfleisch
1 großes Pandanusblatt
  (ca. 40 cm lang)
15 Curryblätter
3 cm lange Zimtstange
1 $^1/_2$ rote Chilischoten
$^1/_2$ TL Salz
$^1/_4$ TL schwarzer Pfeffer
2 EL Rohrzucker
1 Tasse Wasser
1 Tasse Kokosnussmilch
1 reife rote Paprika

Räuchern: Die Makrelen mit kleinem Abstand über das abgedeckte Räuchermehl auf ein Gitter legen und den Deckel der Kasserolle oder eines anderen geeigneten Räucherbehälters fest verschließen (am besten mit Töpferton).

Die verbleibende Marinade aufbewahren. Die Makrelen auf diese Weise auf kleiner Flamme ca. 60 Minuten räuchern.

Währenddessen die Paprika-Karotten-Mousse folgendermaßen zubereiten: Die Karotten schälen und klein schneiden, Gemüsezwiebeln klein hacken, Ghee in einen großen Topf geben und erhitzen, Zwiebeln und frisch geraspelte Kokosnuss darin anrösten. Pandanusblatt mit der Küchenschere klein schneiden und mit Curryblättern, Zimt und den Karotten in den Topf geben.

1 $^1/_2$ rote Chilischoten entkernen, hineingeben, salzen, pfeffern, zuckern und mit einer Tasse Wasser und einer Tasse Kokosnussmilch aufgießen. 20 Minuten zugedeckt köcheln lassen.

Währenddessen die Paprika in ca. 2–3 mm große Würfel schneiden und zur Seite stellen.

Die gekochten Karotten mit den Zutaten etwas abkühlen lassen und in einem Mixer zu einer Mousse verarbeiten. Die Paprika-Würfel unterheben und jeweils einen großen Löffel Mousse mit einer Küchenspachtel auf einem Teller glatt streichen.

Die frisch geräucherte Makrele filetieren. Die verbliebene Marinade stark erhitzen und die Filets damit beträufeln, bis sie sich damit vollgesaugt haben.

Die Filets auf die Karotten-Paprika-Mousse legen und servieren.

SAFRANHUHN AUS KÜHLEM ORANGENBAD
Ehdi Dodan Kukulibedo

Zutaten für 4 Personen:
5 trockene rote Chilischoten
1 $1/2$ TL Safranfäden
1 $1/2$ TL Koriandersamen
$1/2$ TL schwarze Senfsamen
1 Bund Blattpetersilie
4 Hühnerbrüste
500 ml frisch gepressten
   Orangensaft
1 Limette
$1/4$ TL Currypulver
1 $1/2$ EL Rohrzucker
2 EL Pflanzenöl
$1/2$ TL feines Salz
$1/4$ TL frisch gemahlenen
   schwarzer Pfeffer

Chilischoten entkernen, in dünne Streifen schneiden; mit Safran, Koriander- und Senfsamen trocken rösten und in einem Mörser zerstoßen. Petersilie klein hacken, zu den Gewürzen im Mörser geben und alles zu einer homogenen Masse zerstoßen.

Hühnerbrüste waschen, von Knorpeln befreien, trocken tupfen und gleichmäßig mit der Marinade bestreichen. In eine lebensmitteltaugliche Plastiktüte geben, luftdicht verschließen und darin zwei Stunden marinieren.

Währenddessen den frisch gepressten Orangensaft in eine Schüssel mit flachem Boden gießen. Die Limette unter heißem Wasser abwaschen und die Schale fein in den Orangensaft raspeln. Currypulver und Rohrzucker in den Saft rühren, die Schüssel zur Seite stellen.

Öl in einer großen Pfanne erhitzen, die Hühnerbrüste aus der Tüte holen und von beiden Seiten 2–3 Minuten anbraten. Die Bestandteile der Marinade sollen danach fest am Fleisch haften. Das Fleisch salzen und, nachdem es abgekühlt ist, in 5–6 mm breite Diagonalstreifen schneiden. Die Streifen vorsichtig in den gewürzten Orangensaft legen und mindestens eine Stunde darin ziehen lassen. Herausholen, abtropfen lassen, auf Teller geben, schwarzen Pfeffer darüber mahlen und kalt servieren.

Der frische Geschmack dieses Hühnergerichts wird nochmals unterstrichen, wenn es mit Paprika aus der Glut (siehe Seite 85) serviert wird.

Zwei Limetten dünn schälen, die Schale in Streifen schneiden, den Saft aus dem Fruchtfleisch pressen. Ingwer gegen die Fasern in Scheiben schneiden und im Mörser zu einer Paste zerstoßen. Limettensaft und die Schale in den Mörser geben und zu einer Marinade verrühren.

Hühnerschenkel enthäuten, mit der Marinade bestreichen und in einem verschließbaren Gefäß mehrere Stunden einlegen. Hin und wieder in der Marinade wenden.

CASHEWNUSS-HÜHNERSCHENKEL AUF LIMETTENSAUCE
Kukkulmas Kaju Embulate

Zutaten für 4 Personen:
3 unbehandelte Limetten
1 walnussgroßes Stück Ingwer
4 frische Hühnerschenkel
 à 300 g
3 Schalotten
2 Karotten
2 Tassen Wasser
200 g Cashewnusskerne,
 ungeröstet und ungesalzen
$\frac{1}{2}$ TL Kreuzkümmel
1 TL Chilipulver
2 EL Pflanzenöl
1 EL Rohrzucker

Für die Sauce:
2 rote Chilischote
1 grüne Chilischoten
1 EL Pflanzenöl
1 Tasse Kokosnussmilch
$\frac{1}{2}$ Tasse Hühnerbrühe
1 $\frac{1}{2}$ EL Rohrzucker
4 Limettenblätter
Saft einer halben Zitrone

Die Hühnerhaut mit Schalotten, Karotten und 2 Tassen Wasser verkochen, bis eine halbe Tasse Brühe übrig bleibt. Wenn eine Brühe aus Haut nicht erwünscht ist, kann stattdessen $\frac{1}{2}$ Tasse Brühe aus Hühnerknochen gewonnen werden (siehe Seite 34).

Nun die Cashewnusskerne zubereiten: (Haben Sie versehentlich gesalzene Kerne gekauft, müssen Sie diese 60 Minuten in Wasser einweichen, das Wasser hin und wieder erneuern und danach gut abtropfen lassen.) Die salzlosen Kerne in einer schweren Pfanne unter ständigem Rühren mittelbraun rösten. Davon 4 Esslöffel in Stifte schneiden, den Rest hacken und im Mörser fein zerstoßen.

Kreuzkümmel und Chilipulver in einer schweren Pfanne trocken rösten. Das Öl und den Rohrzucker hinzugeben und darin die Schalotten anrösten. Mit 2 Esslöffeln Limettensaft ablöschen und das Cashewnussmehl hinzugeben. Weitere 2 Minuten bei ganz schwacher Hitze zu einer streichfähigen Paste kochen.

Die Hühnerschenkel aus der Marinade nehmen und die Limettenschalen entfernen, den Rest der Marinade mit der Cashewnuss-Paste vermischen, gegebenen-

falls durch Hinzufügen von Zitronensaft etwas streichfähiger machen. Mit dieser Mischung die Hühnerschenkel vollflächig bestreichen.

Dann in einen flachen Bräter legen und mit Alu-Folie bedeckt im vorgeheizten Backofen (200 °C) 20 Minuten garen. Die Folie entfernen und weitere 20 Minuten cross rösten.

Während dieser Garzeit die Sauce zubereiten: Rote Chilischoten entkernen und die Innenwände entfernen. Zusammen mit der nicht entkernten grünen Chilischote in dünne Längsstreifen schneiden und im Öl leicht anbraten.

Kokosnussmilch, Hühnerbrühe, Zucker und Limettenblätter hinzugeben und eine Minute aufkochen.

Zitronensaft hinzugeben und bei kleinster Flamme drei Minuten schwach köcheln lassen.

Die Sauce auf warme Teller geben, Hühnerschenkel darauf legen, Cashewnussstifte darüber streuen, Chilistreifen auf die Sauce legen und servieren.

BASILIKUM-ENTEN-CURRY
Suwede Tharamasshodi

Zutaten für 4 Personen:
32 Basilikumblätter
3 Entenbrüste
3 getrocknete rote Chilischoten
$^1/_4$ TL Kreuzkümmel
$^1/_4$ TL Koriandersamen
4 schwarze Pfefferkörner
$^1/_2$ TL grobes Salz
1 Prise Muskatnuss
5 Kaffir-Limettenblätter
12 Cherrytomaten
4 frische grüne Chilischoten
150 g Ananas
2 Knoblauchzehen
400 ml Kokosnussmilch
400 ml Wasser
$^1/_4$ TL Kurkumapulver

Basilikumblätter von den Stängeln zupfen und zur Seite legen, Stängel wegwerfen.

Entenbrüste enthäuten, in 3–4 Millimeter dünne Scheiben schneiden und bei Zimmertemperatur zur Seite stellen.

Rote Chilis entkernen, in dünne Streifen schneiden und mit Kreuzkümmel, Koriandersamen und Pfefferkörnern in einer kleinen, schweren Eisenpfanne trocken rösten. Mit grobem Salz und einer Prise frisch geraspelter Muskatnuss in einem Mörser fein zerstoßen.

Kaffir-Limettenblätter zu dünnen Zigarren rollen, diese quer zu dünnen Fäden schneiden und zur Seite stellen. Cherrytomaten waschen und ebenfalls zur Seite stellen.

Grüne Chilischoten in dünne Ringe schneiden, Ananas in Würfel schneiden, Knoblauch klein hacken.

In einem großen Topf Kokosnussmilch mit Wasser vermischen und auf eine mittlere Flamme setzen. Die grünen Chilis, Ananas, Knoblauch und die Gewürzmischung aus dem Mörser in den Topf geben und 20 Minuten sachte kochen lassen. Tomaten, Kaffir-Limettenblatt-Fäden und Kurkumapulver hineinrühren. Wenige Sekunden aufkochen lassen, die Temperatur stark reduzieren (niedrigste Stufe) und die Entenbruststreifen und die Hälfte der Basilikumblätter hineingeben. 3–4 Minuten bei niedrigster Hitze gar ziehen lassen.

Auf Teller geben, die restlichen Basilikumblätter darüber verteilen und heiß servieren.

WILDENTE AUF PALMZUCKER-TAMARINDEN-SAUCE
Kalukon Hakuru Saha Síyebella

Zutaten für 4 Personen:
1 Wildente
3 frische rote Chilischoten
1 TL Koriandersamen
4 EL Pflanzenöl
1 TL grobes Salz
4 EL Tamarindenmark
200 ml Wasser
1 $1/2$ Knoblauchzwiebeln
5 EL Kithulpalmzucker
Saft von 1 Limette
2 EL Bonitoflocken
9 Schalotten
$1/4$ TL Chilipulver
1 $1/2$ TL feines Salz

Die Ente außen und innen reinigen, Wassertropfen abtupfen. Rote Chilischoten entkernen, Innenwände und Kerne wegwerfen. Fruchtfleisch klein hacken und mit Koriandersamen in einer schweren Pfanne mit einem Teelöffel Öl anrösten.

Danach mit einem halben Teelöffel grobem Salz in einem Mörser fein zerstoßen. Tamarindenmark in 200 ml warmem Wasser 10 Minuten einweichen, das Mark zwischen den Fingern zerreiben, bis die Fruchtpartikel sich in der Flüssigkeit gelöst haben und die festen Bestandteile entfernt werden können. Durch ein Sieb passieren und zwei Drittel dieses Tamarindensafts beiseite stellen. Das verbleibende Drittel zu den bereits zerstoßenen Zutaten in den Mörser geben und gut verrühren.

Zwei Knoblauchzehen enthäuten, klein hacken und ebenfalls in den Mörser geben. Erneut einen halben Teelöffel grobes Salz dazugeben und alles zu Brei zerstoßen. 2 Esslöffel Palmzucker und den Limettensaft hinzufügen und durch Umrühren auflösen.

Die Ente überall mit dieser cremigen Marinade bestreichen und in einem fest verschließbaren Gefäß (vorzugsweise in einer lebensmitteltauglichen Plastiktüte z.B. für Tiefkühlkost, aus der die Luft gepresst wird) einige Stunden marinieren.

Den Backofen auf 200 °C vorheizen und ein Backblech, das später zum Auffangen der Marinade erforderlich ist, einschieben. Die marinierte Ente aus der Tüte nehmen, auf das Backofengitter legen, in den Backofen schieben und ca. 60 Minuten rösten. (Die Ente soll später außen knusprig und innen saftig sein.)

Die abtropfende Marinade und das Entenfett auffangen und ca. alle 10 Minuten die Ente damit übergießen. Dickt die Flüssigkeit auf dem Auffangblech zu sehr an, müssen kleine Mengen heißes Wasser angeschüttet werden.

Während der Garzeit die Sauce folgendermaßen zubereiten: Die restlichen ⅔ vom Tamarindensaft, Bonitoflocken und 3 Esslöffel Palmzucker in einem kleinen Topf 3 Minuten aufkochen.

Eine Knoblauchzwiebel zerlegen, alle Zehen enthäuten, die Schalotten schälen und mit dem Knoblauch in feine Stifte schneiden, zur Seite stellen.

Die geröstete Wildente aus dem Backofen holen, entbeinen und in daumengroße Streifen schneiden.

2 Teelöffel Öl in einer kleinen Pfanne erhitzen, die Schalotten-Knoblauch-Stifte goldbraun rösten und mit der gesüßten Tamarinden-Bonito-Sauce ablöschen.

In einem Wok 3 Esslöffel Öl, Chilipulver und Salz stark erhitzen und die Entenstreifen darin eine Minute anbraten.

Die Palmzucker-Tamarinden-Sauce auf vorgewärmte Teller geben, die Entenstreifen darauf garnieren und heiß servieren.

ENTENBRUST IN LIMETTENSTIFTKRUSTE
Tharamass Embula

Zutaten für 4 Personen:
3 Limetten
1 TL Fenchelsamen
3 grüne Chilischoten
1 Stängel Zitronengras
1 TL grobes Salz
2 Entenbrüste
2 Eier
2 EL Mehl
1 TL Rohrzucker
$^1/_2$ TL Salz
2 EL Ghee
500 ml Frittieröl

Limetten unter heißem Wasser waschen, dünn schälen, die Schale zu möglichst feinen Stiften schneiden und zur Seite legen.

Fenchelsamen in einer kleinen, schweren Eisenpfanne trocken rösten und in einem Mörser zerstoßen. Die grünen Chilischoten klein hacken. Zitronengras von den äußeren, harten Blättern befreien, in sehr dünne Ringe schneiden, dann ebenfalls klein hacken. Grobes Salz zum Fenchel in den Mörser geben, Zitronengras- und Chili-Hack dazugeben und fein zerstoßen.

Die Entenbrüste enthäuten und horizontal in dünne Längsscheiben schneiden. Mit der Mischung aus dem Mörser gleichmäßig bestreichen und in dieser Marinade 15 Minuten ziehen lassen.

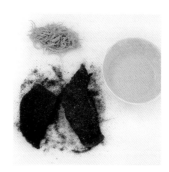

Die Marinade mit der Rückseite eines Messers wieder von den Entenbrustscheiben abstreifen und in eine Schüssel geben. Eier, Mehl, Rohrzucker und Salz dazumischen und zu einem dickflüssigen Ausbackteig verrühren.

Ghee in einer Pfanne erhitzen und die Entenscheiben darin 30 Sekunden auf jeder Seite anbraten. Etwas abkühlen lassen, in den Ausbackteig tauchen, die Oberseite der Scheiben mit den Limettenstiften bestreuen. Einen Teelöffel Ausbackteig nehmen und kleine Tropfen davon auf die Limettenstifte tropfen lassen (sie halten nach dem Ausbacken die Stiftstruktur zusammen).

Die so vorbereiteten Entenscheiben nebeneinander legen. Frittieröl in einer hochwandigen Pfanne erhitzen. Die Scheiben nach und nach mit einem großflächigen geraden Gitterlöffel aufnehmen und horizontal wenige Sekunden ins heiße Öl untertauchen (die Stifte dürfen keine schwarzen Enden bekommen, der Teig soll goldbraun sein). Auf heiße Teller geben und sofort servieren.

MARINIERTE HÜHNERBRÜSTE MIT ZUCKERSCHOTEN
Kukullmass Samage Bonchi

Zutaten für 4 Personen:
Zutaten für die Marinade:
1 Kaffir-Limette
3 cm Ingwerwurzel
2 Knoblauchzehen
1 TL grobes Salz
2 EL Bonitoflocken

Zutaten für die Hühnerbrüste:
200 g Hühnerbrüste
20 Zuckerschoten
  (Zuckererbsen)
4 Schalotten
2 Knoblauchzehen
1 Stängel Zitronengras
3 große grüne frische Chilis
3 Kaffir-Limettenblätter
$\frac{1}{2}$ EL Kreuzkümmel
1 $\frac{1}{2}$ TL Koriandersamen
3 TL Pflanzenöl
200 ml Kokossahne
2 TL Rohrzucker
2 Tassen Hühnerbrühe
1 TL feines Salz
1 Bund (ca. 20)
  Basilikumblätter

Zubereitung der Marinade:

Die Kaffir-Limette heiß abwaschen und die Schale mit einer feinen Raspel bis tief ins Fruchtfleisch hinein in einen großen Mörser raspeln. Ingwerwurzel und zwei Knoblauchzehen klein hacken, auch in den Mörser geben und mit einem Teelöffel grobem Salz zu einer möglichst feinen Paste zerstoßen. Bonitoflocken hinzufügen und weiter zerstoßen.

Die Restflüssigkeit aus dem Fruchtkörper der Kaffir-Limette in den Mörser pressen und mit den anderen Zutaten zu einer eher trockenen Marinade verrühren.

Zubereitung der Hühnerbrüste:

Hühnerbrüste von Knorpelresten befreien und in 5 x 2,5 cm große Stücke schneiden. Die Marinade in einer großen Schüssel verteilen, das Huhn dazugeben und in der Marinade wenden, bis alle Seiten des Huhns damit benetzt sind. Die Schüssel abdecken, 2 Stunden marinieren und alle 30 Minuten erneut das Fleisch in der Marinade wenden.

Zuckererbsen waschen und beiseite legen. Schalotten und Knoblauchzehen in Stifte schneiden. Zitronengras erst von der äußeren, harten Mantelhülle befreien und diese wegwerfen, das weiche Zentrum in dünne Längsstreifen schneiden. Chilis in dünne Ringe schneiden. Kaffir-Limettenblätter übereinander legen, längs

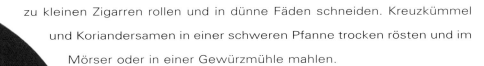

zu kleinen Zigarren rollen und in dünne Fäden schneiden. Kreuzkümmel und Koriandersamen in einer schweren Pfanne trocken rösten und im Mörser oder in einer Gewürzmühle mahlen.

In einem großen Wok auf großer Flamme Öl erhitzen. Zitronengras, Chiliringe, Knoblauch- und Schalottenstifte anrösten, bis sie goldbraun sind. Kokossahne, Rohrzucker und die Kreuzkümmel-Koriander-Mischung aus dem Mörser dazugeben. Alles zu einer dickflüssigen Sauce einkochen.

Die Hühnerstücke hinzufügen und ständig wenden, bis alle rosafarbenen Fleischstellen gerade weiß geworden sind (das dauert ca. 3 Minuten).

Jetzt die Hühnerbrühe angießen (für das Rezept der Hühnerbrühe siehe Seite 34), einen Teelöffel Salz hineinstreuen und unter ständigem Rühren 3 Minuten weiterkochen.

Zuckererbsen und Kaffir-Limettenblätter hinzufügen und eine Minute weiterkochen.

Vom Feuer nehmen, die Basilikumblätter hineingeben, unterheben und servieren.

Dieses Hühnergericht mit seiner ungewöhnlich hellen, klaren, aromatischen Sauce gibt gekochtem weißem Reis eine geschmacksintensive Frische. Das Hühnerfleisch ist köstlich und durch die kurze Garzeit sehr zart. Die Zitronengrasstreifen sind, wenn sie aus dem Inneren des Stängels geschnitten wurden, nicht nur dekorativ, sondern auch sehr aromatisch.

Hühnerfleisch entbeinen, waschen, in ca. 5 mm dicke Scheiben schneiden und in eine Schüssel geben.

Pfeffer mahlen. In einer kleinen Schale Essig, Senf, einen Teelöffel feines Salz und Wasser gut verrühren. Den Pfeffer dazugeben und mit den Fingerspitzen alles zu einer trockenen, krümeligen Masse vermischen. Die Hühnerscheiben damit gleichmäßig von beiden Seiten bestreichen.

PFEFFERHUHN-SAMARE
Samarege Kukulhodi

Zutaten für 4 Personen:
1 kg Hühnerfleisch
40 g schwarze Pfefferkörner
2 EL milden Essig
2 EL milden Senf
1 TL feines Salz
ca. 1 EL Wasser
3 EL Pflanzenöl
1 kleine rote Zwiebel
1 kleine grüne Paprika
1 walnussgroßes Stück Ingwer
4 Knoblauchzehen
5 Gewürznelken
1 TL grobes Salz
2 Kaffir-Limettenblätter
10 Curryblätter
400 ml Kokosnussmilch
3 kleine Tomaten

2 Esslöffel Öl in einem großen Topf erhitzen und das Hühnerfleisch darin 5 Minuten zugedeckt anbraten, hin und wieder umrühren. (Es ist völlig normal, dass viel von der Pfeffermischung am Topfboden haften bleibt.) Das Fleisch im Topf zur Seite stellen.

Zwiebeln und Paprika klein hacken. In einer tiefen Pfanne einen Esslöffel Öl erhitzen und Zwiebeln und Paprika darin 5 Minuten anrösten.

Ingwer und Knoblauch schälen, klein hacken und mit Nelken und grobem Salz in einem Mörser zerstoßen. Diese Paste in die Pfanne rühren, Kaffir-Limettenblätter und Curryblätter dazugeben, Kokosnussmilch hineinschütten und auf mittlerer Flamme 5 Minuten köcheln.

Diese Sauce über das Hühnerfleisch im Topf gießen, den Topf auf mittlere Flamme setzen, Tomaten in Scheiben schneiden, hineingeben, rühren (der Pfeffersatz löst sich jetzt leicht vom Topfboden). Alles ca. 2 Minuten aufkochen lassen und servieren.

LAMM, SCHWEIN, RIND & WILD

ELU UERU HARAK WAL

Am Vortag beginnen! Das Kaninchen waschen, Fett abschneiden. Erst die ganze Keule, dann den unteren Teil abtrennen.

Die Rippenbögen einzeln mit den Bauchlappen zur Wirbelsäule hin einschneiden, die Wirbelsäule mit einer Geflügelschere durchtrennen und auf diese Weise Kaninchen-Koteletts gewinnen.

KANINCHEN MIT SÜSSKARTOFFELMOUSSE
Wanni Theldala

Zutaten für 4 Personen:
ein ganzes Kaninchen ohne
  Kopf (ca. 1 kg)

Für die Marinade:
5 Knoblauchzehen
2 rote Chilischoten
20 cm Pandanusblatt
1 1/2 Limetten

Für die Gewürzmischung:
4 TL braune Senfsamen
3 TL Koriandersamen
1 TL Kreuzkümmel
6 schwarze Pfefferkörner
1 El Kokosöl
200 ml Kokosnussmilch
200 ml Wasser

Für die Süßkartoffelmousse:
600 g Süßkartoffeln
200 ml Kokosnussmilch
200 ml Wasser
4 Gewürznelken
1 TL Tamarindenmark
1/4 TL Kurkumapulver
1 TL Rohrzucker
1/2 TL Salz
12 milde grüne Chilis
1 TL Reismehl

Mit derselben Schneidetechnik das Rückenstück zerlegen, wobei hier beide vom Wirbel gehaltenen Seiten ein Stück ergeben sollen. (Die Gäste werden es Ihnen danken, nicht mit Knochensplittern kämpfen zu müssen.)

Knoblauchzehen klein hacken, rote Chilis entkernen, klein schneiden und in einen Mörser geben. Das Pandanusblatt mehrfach falten und über dem Mörser mit einer Küchenschere in kleine Stücke schneiden. Die Zutaten zu einer feinen Paste zerstoßen. Limetten hineinpressen und zu einer Marinade verrühren.

Das Kaninchenfleisch damit einstreichen und in einer abgedeckten Schüssel über Nacht marinieren.

Am darauf folgenden Tag: Braune Senfsamen, Koriandersamen, Kreuzkümmel und Pfefferkörner in einer kleinen, schweren Gusseisenpfanne trocken rösten und anschließend in einer Gewürz- oder Kaffeemühle mahlen.

Das Kaninchenfleisch aus der Marinade holen und abtropfen lassen. In einer großen Pfanne Kokosöl erhitzen und das Fleisch von beiden Seiten kurz anrösten, bis es gerade hellbraun ist (ca. 6 bis 8 Minuten). Die Flamme reduzieren und eine Hälfte der gemahlenen Gewürzmischung darüber streuen, das Fleisch wenden und die restliche Gewürzmischung darauf verteilen. Kräftig umrühren.

200 ml Kokosnussmilch und 300 ml Wasser angießen, kurz aufkochen lassen und bei kleiner Flamme 30 Minuten simmern lassen.

Währenddessen die Süßkartoffelmousse herstellen: Die Süßkartoffeln schälen, vierteln, in Längsstreifen schneiden, dann quer würfeln. In einen großen Topf geben, Wasser und Kokosnussmilch dazugießen und aufs Feuer stellen.

Die Nelken trocken rösten, mahlen und in den Topf geben. Tamarindenmark in einer halben Tasse warmem Wasser 5 Minuten einweichen, mit den Fingerspitzen zerreibend auflösen und den Saft in den Topf passieren. Nach einer Garzeit von ca. 12 Minuten die Süßkartoffeln etwas abkühlen lassen, Kurkuma, Salz und Rohrzucker dazugeben und in einem Mixer zu einer Mousse verarbeiten.

In einen Topf geben und bis zum Servieren warm halten.

Die milden grünen Chilischoten halbieren. In eine Tasse einen Teelöffel fein gemahlenes Reismehl geben, erst mit zwei Teelöffeln Wasser verrühren, dann Wasser zugießen, bis die Tasse halb voll ist, erneut verrühren und zum Fleisch in die Pfanne schütten. Die Chilis sofort dazugeben und heftig rühren, bis keine Flüssigkeit mehr in der Pfanne ist (3–4 Minuten).

Mit dem restlichen Salz abschmecken.

Das Fleisch mit den noch knackigen Chilis auf einen Teller legen, die Süßkartoffelmousse dazugeben und servieren.

LAMMCURRY MIT PANDANUSBLATT
Sere Eluhodi

Zutaten für 4 Personen:
1 kg Lammrücken
3 rote Chilis
1 Stück Gamboge
1 TL braune Senfsamen
1/4 TL Fenchelsamen
3 Pandanusblätter (je 12 cm)
1 Stängel Zitronengras
2 Schalotten
1 Knoblauchzehe
2 EL Pflanzenöl
30 Curryblätter
200 ml Kokosnussmilch
  (1/2 Dose)
250 ml Wasser
4 frische grüne Chilis
Saft 1/2 Zitrone

Lammfleisch vom Rücken lösen, vom Talg befreien und in 3 bis 4 cm große Stücke schneiden. Chilis und Gamboge einweichen und zur Seite stellen. Senf- und Fenchelsamen trocken rösten, danach im Mörser zerstoßen oder mahlen. Pandanusblätter bündeln und mit der Küchenschere quer in 2–5 mm breite Stücke schneiden. Zitronengras von den harten äußeren Blättern befreien, mit dem Messerrücken über die Staude pressend rollen und in ca. 5 mm breite Ringe schneiden.

Schalotten und Knoblauch klein hacken. Öl in einer schweren Kasserolle oder in einem Topf erhitzen, Schalotten darin goldbraun rösten. Fleisch hineingeben, kurz anbraten. Rote Chilischoten entkernen und klein hacken, Kerne wegwerfen. Curryblätter, Pandanusblätter und Chilis dazugeben und 5–6 Minuten schmoren.

Gamboge in hauchdünne Scheiben schneiden. Gamboge, Zitronengras, Knoblauch, zerstoßene Fenchel- und Senfsamen unter ständigem Rühren hinzugeben. Kokosmilch mit 250 ml Wasser vermischen und unterrühren. Aufkochen und 20 Minuten simmern lassen.

Die frischen grünen Chilis mit Kernen klein hacken und dazugeben, ca. 15 bis 20 Minuten weitersimmern lassen, bis das Fleisch gar ist. Den Zitronensaft hineingeben, umrühren und mit Reis servieren.

Rinderfilet trocken tupfen und in 2 cm breite Längsstreifen schneiden. Chilischoten entkernen, längs vierteln und mit Bockshornkleesamen und Pfefferkörnern trocken rösten. Im Mörser fein zerstoßen oder mahlen.

4 Esslöffel frisch gepressten Grapefruitsaft in die Röstgewürzmischung rühren und die Rindfleischstreifen darin 10 bis 15 Minuten marinieren.

Die grünen Chilischoten entkernen und in dünne Längsstreifen schneiden. Pflan-

BITTERSÜSSES RINDERGESCHNETZELTES IN GRAPEFRUITSAUCE
Harak petta Tittemidi

Zutaten für 4 Personen:
300 g Rinderfilet
3 getrocknete rote Chilischoten
$1/4$ TL Bockshornkleesamen
$1/4$ TL schwarze Pfefferkörner
2 Tassen frisch gepresster
 Grapefruitsaft
3 frische grüne Chilischoten
2 EL Pflanzenöl
20 Curryblätter
3 EL Kokossahne
2 EL Rohrzucker

zenöl in einer Pfanne erhitzen, Curryblätter und das marinierte Fleisch darin eine Minute anbraten. (Vorsicht – die Marinade zischt mächtig in der Pfanne!)

Mit dem restlichen Grapefruitsaft ablöschen, Kokossahne, grüne Chilistreifen und Rohrzucker dazugeben und bei ständigem Rühren weitere 4 bis 5 Minuten köcheln.

Die Garzeit ist von der Beschaffenheit des Fleisches abhängig – probieren Sie früh genug, damit der Zart-Punkt nicht überschritten wird.

Auf Teller geben und heiß servieren.

TAMARINDENSCHWEIN MIT FENCHELDUFT
Urumas Siebella Saha Seduro

Zutaten für 4 Personen:
4 Karotten
4 Knoblauchzehen
1 TL Bockshornkleesamen
3 Kaffir-Limettenblätter
1 EL Pflanzenöl
1 kg Schweinebraten
  (aus Keule oder Rücken,
  fein durchwachsen)
30 cl Arrak
3 Tassen Wasser
3 frische rote Chilischoten
200 ml Kokosnussmilch
1 Kaffir-Limette
$^1/_4$ Stängel Zitronengras
1 haselnussgroßes Stück
  Ingwerwurzel
1 frische grüne Chilischote
1 Bund Fenchelblüte
  oder 1 TL Samen
1 TL grobes Salz
3 EL Rohrzucker
3 EL Tamarindenmark
3 Röhrchen Zwiebellauch

3 Karotten in kleine Stücke schneiden, Knoblauchzehen vierteln. Bockshornkleesamen trocken rösten und mahlen, Kaffir-Limettenblätter rollen und in dünne Streifen schneiden.

Pflanzenöl in einen schweren Topf geben, erhitzen, das Schweinefleisch von allen Seiten goldbraun anbraten und mit Arrak ablöschen. Karotten, Knoblauch, Limettenblätter und Bockshornklee hinzufügen und mit 3 Tassen Wasser auffüllen. Rote Chilis hineingeben und 15 Minuten kochen. Kokosnussmilch hinzufügen und weitere 45 Minuten auf kleiner Flamme köcheln.

Währenddessen: Kaffir-Limette heiß abwaschen und die Schale abraspeln. Zitronengras und Ingwerwurzel schälen und mit der grünen Chilischote sehr klein hacken. Fenchelblüten oder -samen in einem Mörser mit grobem Salz zerstoßen, dann Kaffir-Limettenschale, Zitronengras, Ingwer, Chili und Rohrzucker dazugeben und zu einer Paste zerstoßen.

Tamarindenmark in Wasser auflösen und daraus 3 Esslöffel Tamarindensaft extrahieren (siehe Seite 45). Diesen Saft zu der Fenchelpaste in den Mörser geben und gut verrühren.

Das mittlerweile gegarte Schweinefleisch aus dem Kochsud holen und abkühlen lassen. Den heißen Kochsud durch ein Sieb passieren und die sich daraus ergebende Flüssigkeit mit der Fenchel-Tamarinden-Paste aus dem Mörser zu einer Sauce vermischen.

Das kalte Fleisch in 2 mm dünne Scheiben schneiden, in dieser Sauce einlegen und mindestens eine Stunde darin ziehen lassen.

Zwiebellauchröhrchen und eine Karotte längs in sehr dünne Streifen schneiden.

Das Fleisch in der Sauce vor dem Servieren zwei Minuten sehr sanft aufkochen.

Aus der Sauce heben und auf Teller legen. Die Zwiebellauch- und Karottenstreifen darüber garnieren und mit der heißen Sauce übergießen.

GEMÜSE
ELEWELU

ARTISCHOCKEN MIT PALMZUCKER-CHILIS
Eledondra Hakurumiris

Zutaten für 4 Personen:
6 große grüne milde
  Chilischoten
8 kompakte Artischocken
500 ml Pflanzenöl zum
  Frittieren
$^1/_4$ TL grobes Salz
1 Pandanusblatt
1 EL Kithulpalmzucker
1 EL Ghee
4 Kaffir-Limettenblätter
$^1/_2$ Limette
1 Msp. schwarzer Pfeffer
Salz zum Abschmecken

Die Chilis entkernen und in ca. 5 mm dünne Ringe schneiden. Die Artischocken großzügig beschneiden (das heißt: etwas mehr als die gesamte obere Hälfte und die äußeren Blätter der unteren Hälfte mit einem sehr scharfen Messer abschneiden), die Stiele nur minimal kürzen.

In eine große Pfanne Öl gießen, bis sie 3–4 cm hoch damit gefüllt ist, erhitzen und die Artischocken 7 Minuten vorsichtig rührend darin frittieren. Die Chiliringe dazugeben und weitere 2 Minuten mitrösten. Erst die Artischocken mit einer Gitterkelle herausholen und auf Küchentüchern abtropfen lassen, dann die Chiliringe herausholen und in eine kleine Pfanne geben.

In einem Mörser grobes Salz und Pandanusblatt zerstoßen, zwei Esslöffel Wasser hinzuschütten und mit Palmzucker verrühren. Zu den Chiliringen in der kleinen Pfanne Ghee geben, erhitzen, die Pandanus-Palmzucker-Mischung aus dem Mörser dazugeben. Bei schwacher Hitze oft rühren, bis die Flüssigkeit verdunstet ist und die Chiliringe mit dieser würzig-süßen Mischung überzogen sind. Vom Feuer nehmen, auf 4 Teller verteilen und zur Seite stellen.

Die Artischocken mit den Stielen nach unten in ein weitmaschiges Gitter oder schlanke Gläser stellen.

In der kleine Pfanne mit Resten von Pandanus-Palmsirup 4 Esslöffel Wasser und Kaffir-Limettenblätter aufkochen, bis nur noch ein Esslöffel Flüssigkeit übrig bleibt. Limettensaft hineinrühren und sofort in die Artischocken träufeln. Salz und schwarzen Pfeffer darüber mahlen, einige Minuten ziehen lassen.

Zu den Chiliringen auf Teller geben und ungekühlt servieren.

GEFÜLLTE AUBERGINEN
Wambata Kaluganga

Zutaten für 6 Personen:
6 kleine Auberginen
1 Zitrone
4 El Pflanzenöl
4–5 frische grüne Chilis
6 Nelken
30 Curryblätter
2 TL grobes Salz
300 g Tomaten
3 Gemüsezwiebeln
6–8 Knoblauchzehen
10 cm Tomatenmark
3 EL Rohrzucker
200 ml Kokosnussmilch
4 Kaffir-Limettenblätter
1 Bund Blattpetersilie
5 EL geriebener Hartkäse
Zitronensaft zum Beträufeln

Die Auberginen waschen und nach Gusto ein Muster dünn in die Außenschale ritzen. Teile der Schale abziehen, sodass ein Hell-Dunkel-Kontrast entsteht. Die so »gezierte« Aubergine außen mit einer Zitrone einreiben.

Mit einem scharfen, spitzen Messer einen tiefen keilförmigen Längsschlitz in die Frucht schneiden und danach rechts und links von diesem Schlitz ca. 5 mm unter die Fruchthülle schneiden. Berücksichtigen Sie die Rundung der Frucht, und schneiden Sie nicht nach außen durch. Höhlen Sie nun mit einem Melonenbällchenschneider das Fruchtfleisch aus der Frucht, und belassen Sie eine Hülle von ca. 5 mm Wanddicke.

2 Esslöffel Pflanzenöl in einer großen Pfanne erhitzen und die Auberginenhüllen darin anbraten, bis sie leicht glasig werden. Die Auberginenhüllen mit der Öffnung nach oben auf ein leicht gefettetes oder mit Alufolie ausgelegtes Backblech legen.

Die grünen Chilis klein hacken. Die Nelken und die Curryblätter mit einem Teelöffel grobem Salz im Mörser zerstoßen.

Die gehackten Chilis mit einem weiteren Teelöffel Salz im Mörser mit der darin vorhandenen Masse stampfen.

Tomaten blanchieren, häuten und in sehr kleine Würfel schneiden.

Zwiebeln und Knoblauch schälen und sehr klein hacken. In einer großen Pfanne 2 Esslöffel Pflanzenöl erhitzen, Zwiebeln und Knoblauch dazugeben und glasig rösten. Die Masse aus dem Mörser in die Pfanne geben und eine Minute mitrösten.

$3/4$ des ausgehöhlten Auberginenfruchtfleisches dazugeben und eine weitere Minute anbraten.

Die Tomaten, das Tomatenmark und den Rohrzucker dazugeben. Gut umrühren und Kokosnussmilch dazuschütten. Die Kaffir-Limettenblätter eng rollen und davon sehr dünne Röllchen schneiden. Die Röllchen öffnen und die so entstandenen dünnen Blattfäden in die Pfanne geben. Ständig rührend so lange kochen, bis eine sehr dickflüssige Masse entsteht. Vom Feuer nehmen.

Den Backofen auf 200 °C vorheizen. Petersilie hacken. Mit dem geriebenen Käse und der Masse aus der Pfanne gleichmäßig vermischen und in die Auberginenhüllen füllen. In den Backofen schieben und ca. 1 Stunde garen (die dunkle Außenhaut muss sich mit einer Gabel leicht anstechen lassen). Mit Zitronensaft beträufeln und servieren.

Vom Bananenblütenkolben Blatt für Blatt abziehen und die Bananenblüten abzupfen, sodass eine Menge von ca. 400 g entsteht. Die Blätter wegwerfen.

Die frischen roten Chilis längs teilen, die Kerne herausholen und wegwerfen. Das Fruchtfleisch erst in dünne Längsstreifen schneiden, dann quer hacken. Die frischen grünen Chilis mit Kernen in dünne Längsstreifen schneiden, die Zwiebeln fein hacken.

BANANENBLÜTEN-CURRY
Kehel Muwa Badum

Zutaten für 4 Personen:
2 Bananenblütenkolben
3 frische rote Chilis
3 frische grüne Chilis
2 kleine rote Zwiebeln
1 walnussgroßes Stück Ingwer
$1/4$ TL grobes Salz
3 EL Pflanzenöl
6 frische Curryblätter
1 TL Koriandersamen
1 TL Senfsamen
2 Tassen Kokosnussmilch
$1/4$ TL Kurkumapulver
Salz zum Abschmecken

Ingwer schälen, entgegengesetzt der Faser dünn schneiden, klein hacken und mit grobem Salz im Mörser zerstoßen.

Öl in einem Wok erhitzen, Curryblätter, Koriander- und Senfsamen anrösten, dann den Ingwer und die Zwiebeln. Chilis und Bananenblüten dazugeben (8 Blüten zur Garnierung aufbewahren), 1–2 Minuten weiter rösten. Mit Kokosnussmilch ablöschen, Kurkuma hineinstreuen und 10 Minuten simmern lassen. Falls zu viel Flüssigkeit im Wok verdunstet, etwas Wasser hinzufügen. Mit sehr wenig Salz abschmecken, um den blumigen, leicht bitteren Geschmack nicht zu verdrängen.

Mit den ungerösteten Bananenblüten garnieren und servieren.

PFANNENGERÜHRTER BROKKOLI
Thelenbedegath Malgowa

Zutaten für 4 Personen:
1 kg Brokkoli
3 EL Ghee
$1/4$ TL Chilipulver
$1/2$ TL Rohrzucker
$1/2$ TL Salz

Brokkoli waschen und kleine Röschen herausschneiden. Den Strunk anderweitig verwenden. Die Brokkoli-Röschen blanchieren und gut abtropfen lassen.

In einem Wok Ghee erhitzen, die Brokkoli-Röschen hineingeben, mit Chilipulver bestreuen, zuckern und salzen. Bei großer Hitze ständig pfannenrühren (ca. 3–4 Minuten), bis die Röschen leicht angeröstet, aber noch sehr knackig sind.

Heiß servieren.

FEURIGE CASHEWNUSSKERNE-VIMAL
Kaju Vimal

Zutaten für 4 Personen:
500 g salzlose
  Cashewnusskerne (über
  Nacht einweichen)
5 getrocknete rote Chilischoten
2 frische grüne Chilischoten
2 Knoblauchzehen
1 TL grobes Salz
5 Curryblätter
1 TL Dillsamen
3 TL Pflanzenöl
1 Dose (400 ml)
  Kokosnussmilch
1 TL Currypulver
$1/4$ TL Kurkumapulver
2 EL Bonitoflocken

Cashewnusskerne über Nacht einweichen, damit sie Feuchtigkeit saugen. Danach gut abtropfen lassen und, auf einem Küchentuch ausgebreitet, äußerlich antrocknen lassen.

Die roten Chilischoten erst entkernen, dann zusammen mit den grünen Chilischoten und dem Knoblauch sehr fein hacken.

In einem großen Mörser grobes Salz, Curryblätter, Dillsamen, Chilischoten- und Knoblauchhack zu einer sehr feinen Paste zerstoßen.

Öl in einer mittelgroßen Pfanne erhitzen, den Inhalt des Mörsers hineingeben und 10 Sekunden pfannenrühren. Die Cashewnusskerne dazugeben und alles intensiv vermischen.

Kokosnussmilch anschütten, Currypulver, Kurkuma und Bonitoflocken hineinrühren. Bei kleiner Hitze abgedeckt ca. 45 Minuten kochen, bis eine Sauce von dickflüssiger Konsistenz entstanden ist. Zwischendurch mehrmals gut umrühren.

AUBERGINENCURRY-SAMARE
Samarege Wambata Hodi

Zutaten für 4 Personen:
3 getrocknete rote Chilis
4 Nelken
2 TL Pfeffer
1 TL Salz
1 EL Currypulver
500 g Auberginen
1 Zitronen- oder Kaffir-
    Limettenblatt
4 Knoblauchzehen
2 Zwiebeln
10 Curryblätter
2 EL Pflanzenöl
250 ml Kokosnussmilch
2 Tassen Wasser
1 TL Kurkumapulver
Saft $^1/_2$ Zitrone

Chilis entkernen und in Längsstreifen schneiden. Chilistreifen, Nelken und Pfeffer in einer schweren Eisenpfanne trocken rösten, anschließend mahlen oder im Mörser zerstoßen. Currypulver und Salz hineinmischen.

Auberginen gut waschen und ungeschält in Längsstreifen schneiden. Auberginenstreifen gleichmäßig mit der Gewürzmischung benetzen und ca. 10 Minuten ziehen lassen.

Das Zitronenblatt eng rollen und in dünne Fäden schneiden. Knoblauchzehen und Zwiebeln in Längsstifte schneiden und mit Curryblättern und Zitronenblatt-Fäden in einer großen Kasserolle mit heißem Öl anrösten. Die Auberginenstreifen dazugeben und ca. 5 Minuten anrösten. Kokosnussmilch, Wasser und Kurkumapulver

dazugeben und bei kleiner Flamme weitere 10–15 Minuten gar kochen. (Je nach Beschaffenheit und Reifegrad können die Garzeiten von Auberginen stark variieren.)

$^4/_5$ des Zitronensaftes hineingeben und mit Salz und Pfeffer abschmecken.

Vom Feuer nehmen, auf die Teller geben und den restlichen Zitronensaft darüber träufeln.

Sie können dieses Gericht heiß servieren, aber auch gekühlt genossen behält es sein exotisches Aroma.

SÜSSKARTOFFELN MIT CURRYBLÄTTERN
Batale Karapincha Samage

Zutaten für 4 Personen:
1 kg Süßkartoffeln
1/2 Tasse Kokosnussmilch
3 Tassen Wasser
12 Curryblätter
2 TL Currypulver
1/2 TL Kurkumapulver
2 TL Salz

Süßkartoffeln schälen und in ca. 2,5 cm große Würfel schneiden. In einen Topf geben, Kokosnussmilch und Wasser dazuschütten. Curryblätter, Currypulver, Kurkuma und Salz hineinrühren. Auf großer Flamme kochen, bis die Süßkartoffeln weich sind, aber nicht zerfallen.

Warm servieren.

Den Blumenkohl von Strunk und Blättern befreien und in kleine Röschen zerteilen. In einem Küchensieb unter fließendem Wasser abwaschen. Die Samen der Kardamomkapsel herausholen, mit Kreuzkümmel und roten Chilischoten in einer schweren Pfanne langsam trocken rösten, danach mahlen. Die Schale einer unbehandelten Zitrone sehr dünn abraspeln und mit einer Tasse Wasser und der gemahlenen Gewürzröstmischung in einer kleinen Schüssel verrühren.

BLUMENKOHLRÖSCHEN IN KARAMELLISIERTER INGWERKRUSTE
Gowamellume

Zutaten für 4 Portionen:
1 Blumenkohl mittelgroß
1 Kardamomkapsel
1 TL Kreuzkümmel
3 rote Chilischoten
Schale 1 unbehandelten
  Zitrone
3 Tassen Wasser
3 EL Pflanzenöl
1 walnussgroßes Stück
  Ingwerwurzel
1 Tasse Zucker
2 Eier
200 g Kichererbsenmehl
1 TL Kurkumapulver
500 ml Frittieröl
1 TL Salz

Pflanzenöl in einen Wok geben und die Blumenkohlröschen hellbraun anrösten (ca. 4–5 Minuten). Die Gewürzmischung aus der kleinen Schüssel zum Blumenkohl geben, häufig, aber vorsichtig rühren, damit die Röschen nicht zerfallen. Ist die Flüssigkeit vollständig verdunstet, vom Feuer nehmen und zur Seite stellen.

Den Ingwer erst in dünne Scheiben, dann in streichholzbreite Stifte, dann quer in kleine Würfelchen schneiden. In einen Topf geben, 2 Tassen Wasser, 1 Tasse Zucker dazuschütten und aufs Feuer setzen.

Bevor die Ingwerwürfel beginnen zu karamellisieren (also schon in dickflüssigem Sirup kochen), die Blumenkohlröschen dazugeben und kräftig umrühren, bis der Ingwer an allen Röschen haftet.

Vom Feuer nehmen, Eier, Kurkuma und Kichererbsenmehl zu einer Teigmasse verrühren.

Frittieröl erhitzen, die Blumenkohlröschen in den Teig tauchen und in kleinen Mengen ausbacken. Mit Salz abschmecken und servieren.

KÜRBIS IN PIKANTER ZIMTSAUCE
Watakka Kurudu Samage

Zutaten für 4 Personen:
1 kg Kürbis (orangefarben und länglich)
4 cm Zimtstange
2 rote getrocknete Chilischoten
1 TL Koriandersamen
1 TL schwarze Senfsamen
2 TL Kokosraspel
1/2 Gemüsezwiebel
4 Knoblauchzehen
2 TL Pflanzenöl
10 Curryblätter
1 1/2 Tassen Kokossahne
1 Tasse Wasser
1 EL Kithulpalmzucker
1/2 TL Currypulver
1/2 TL Kurkumapulver
1/4 TL Salz
1 Stück Zimtrinde

Den Kürbis in 3 cm breite Streifen schneiden und schälen. Die Streifen in Würfel von ca. 3 x 3 cm schneiden. Kerne und Fasern wegwerfen.

Die Zimtstange zwischen den Fingern zerbröseln, die Chilischoten achteln, entkernen und in einer schweren Eisenpfanne mit den Koriander- und schwarzen Senfsamen trocken rösten. Im Mörser oder einer Kaffeemühle grob mahlen.

Jetzt auch die Kokosraspel trocken rösten und zusammen mit den gemahlenen Gewürzen zur Seite legen.

Zwiebel klein hacken, Knoblauch in dünne Längsstifte schneiden. Pflanzenöl in einem mittleren Topf erhitzen und die Zwiebel- und Knoblauchstifte mit den Curryblättern darin goldbraun anbraten. Die Kürbiswürfel dazugeben.

Kokossahne mit Wasser vermischen und in den Topf gießen.

Palmzucker und die Gewürz-Kokosraspel-Mischung hineingeben und auf kleiner Flamme zugedeckt ca. 10–15 Minuten garen. Hin und wieder vorsichtig umrühren.

2 Minuten vor Ende der Garzeit Currypulver und Kurkuma unterheben und mit Salz abschmecken.

Auf Teller geben, Zimtrinde längs aufbrechen und damit garnieren.

DRUMSTICK-CURRY
Murunga Curry

Zutaten für 4 Personen:
8 Drumsticks
1 rote Zwiebel
2 Knoblauchzehen
4 frische grüne Chilis
$\frac{1}{2}$ EL Pflanzenöl
$\frac{1}{8}$ TL Bockshornkleesamen
$\frac{1}{2}$ TL braune Senfsamen
8 Curryblätter
2 Tassen Kokosnussmilch
Saft von 1 Zitrone
$\frac{1}{4}$ TL Kurkumapulver
1 Prise Salz
1 Prise schwarzer Pfeffer

Drumstick (Cassia fistula) ist ein langes, fingerdickes Gemüse mit einer Außenhülle aus zähen Fasern, die zunächst entfernt werden müssen. Das Gemüse erst an einem Ende festhalten und mit einem scharfen Messer den äußeren Fasermantel abschaben, dann umdrehen und die andere Seite entfasern. In 5–6 cm lange Stücke schneiden und zur Seite legen.

Zwiebeln und Knoblauch klein hacken, die Chilis mit den Kernen in sehr dünne Längsstreifen schneiden.

In einer Pfanne Öl erhitzen und Bockshornkleesamen, Senfsamen und Curryblätter anrösten. Knoblauch, Zwiebeln und Chilis dazugeben und rösten, bis die Zwie-

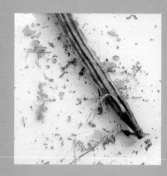

beln anfangen, glasig zu werden. Die Drumsticks dazugeben und mit Kokosnussmilch ablöschen. Warten, bis die Kokosnussmilch Blasen wirft, Zitronensaft und
Kurkuma hineinrühren, mit Salz und frisch gemahlenem Pfeffer abschmecken.
15 Minuten auf kleiner Flamme simmern lassen und mit Reis servieren.
Da nicht auszuschließen ist, dass beim Abschaben einige Fasern vergessen wurden, können Sie nach lankischer Art das köstlich zubereitete Gemüse längs in den
Mund stecken, das äußere Ende mit den Fingern greifen, durch die Zähne ziehen,
das Fruchtfleisch genießen und die Fasern weglegen.

JOGHURTGEMÜSE MIT GRÜNER MANGO
Mudawa Pakiri Saha Amuambe

Zutaten für 4 Portionen:
1 kg exotische Gemüse
150 g frisches
  Kokosnussfleisch
4 grüne Mangos
1 kleine rote Zwiebel
4 frische grüne Chilischoten
1/4 TL Kurkumapulver
1 EL Rohrzucker
1 TL schwarze
  Kreuzkümmelsamen
20 Curryblätter
300 g Büffeljoghurt oder
  griechischen Vollfettjoghurt
  (Herstellung Seite 35)
1 Prise feines Salz

Vorbereitung:

Das Gemüse kann nach Ihrem Gusto ausgewählt werden. Drachenbohnen, Okra, Brokkoli, Drumsticks, Chrysanthemenblätter, Radieschen, Brassica und Zwiebellauch werden häufig verwendet. Lankische Köche machen hier keine Einschränkungen. Sie sollten Schoten und Wurzelgemüse jedoch in dünne Scheiben schneiden.

Ihrer Fantasie beim Zuschneiden von Blattgemüse sind keine Grenzen gesetzt. Die Zuschnitte sollten jedoch maximal einen Durchmesser von 6 cm haben.

Zubereitung:

Das Fruchtfleisch der Kokosnuss raspeln. Mangos schälen und entkernen, Zwiebel und grüne Chilis grob zerschneiden und mit Kokosraspel, Kurkuma, Rohrzucker und schwarzen Kreuzkümmelsamen in einem Elektro-Mixer zu einer dickflüssigen Sauce verarbeiten. (Falls erforderlich, mit etwas Wasser geschmeidiger machen.) Das Gemüse blanchieren, abtropfen lassen und in einen großen Wok oder Topf geben. Curryblätter hineingeben, Joghurt und den Saucenmix darüber gießen, den Wok erhitzen, ständig rührend die Zutaten ca. 4–5 Minuten kochen. Das Gemüse soll danach zwar gar, aber noch sehr knackig sein.

Mit Salz abschmecken und servieren.

TAMARINDEN-LAUCH
Siambala Elume

Zutaten für 4 Personen:
500 g Lauch
1 EL Tamarindenmark
200 ml Wasser
1 EL Rohrzucker
$\frac{1}{4}$ TL Kurkumapulver
$\frac{1}{4}$ TL Chilipulver
$\frac{3}{4}$ TL Salz
2 EL Pflanzenöl
1 Tamarindenschote

Die Wurzeln und den oberen Teil der Lauchstangen großzügig abschneiden, die äußeren harten Blätter entfernen. Den verbleibenden Kernstängel in der Mitte einmal quer durchschneiden, dann längs halbieren, mit der flachen Seite nach unten legen und in 3–4 mm breite Längsstreifen schneiden. Diese Streifen waschen, gut abtropfen lassen und zur Seite stellen.

Wasser erhitzen, Tamarindenmark darin auflösen, durch ein feines Sieb passieren, den Tamarindensaft auffangen, Kerne und Fruchtschalen wegwerfen.

Rohrzucker, Kurkuma, Chilipulver und Salz in den Tamarindensaft geben und darin auflösen.

Öl in einer großen Pfanne leicht erhitzen, die Lauchstreifen parallel nebeneinander in die Pfanne legen, abdecken und auf kleiner Flamme eine Minute lang andünsten (nicht anbrennen lassen).

Den gewürzten Tamarindensaft darüber gießen, die Pfanne bewegen, damit alle Lauchstreifen mit dem Saft benetzt werden. Die Pfanne abdecken und den Lauch bei kleiner Flamme dünsten, bis die Flüssigkeit verdampft ist (ca. 5 Minuten).

Die Lauchstreifen parallel nebeneinander auf Teller oder eine Servierplatte legen. Mit der Spitze einer Küchenschere die Kapsel einer Tamarindenschote längs aufschneiden, das Fruchtfleisch vorsichtig zusammenhängend herausholen und auf die Lauchstreifen legen.

Weniger dekorativ, aber angenehmer zu genießen ist bereits entkerntes Tamarindenfruchtfleisch.

FRÜHLINGSZWIEBELN IN SENFSAMENTEIG
Kettulúnu Thune Paka

Zutaten für 4 Personen:
400 g junge Frühlingszwiebeln
2 Stängel Zitronengras
2 EL schwarze Senfsamen
2 TL Pflanzenöl
1 TL grobes Salz
1 TL Chilipulver
$1/2$ TL Kurkumapulver
1 TL Currypulver
3 EL Bonitoflocken
5 EL Reismehl
4 Eier
700 ml Frittieröl

Frühlingszwiebeln zwei Minuten in Wasser einweichen, Schmutz abreiben, die äußeren Hüllen der Zwiebelchen vom Lauch beginnend zur Wurzel hin abziehen und unter fließendem Wasser abspülen.

Je nach Größe der Frühlingszwiebeln 3 cm dicke Bündel packen. Die äußeren Blätter der Zitronengrasstängel abziehen, in breite Längsstreifen schneiden und die Bündel damit in Abständen von 5–6 cm umwickeln und doppelt verknoten. Die Spitzen und die Wurzelenden an den Zwiebelchen gerade abschneiden. Das Innere der Zitronengrasstängel erst in dünne Ringe schneiden, dann klein hacken und in einen Mörser geben.

Schwarze Senfsamen mit Pflanzenöl in einem kleinen Wok oder Tiegel anrösten, zum Zitronengras in den Mörser geben und mit grobem Salz zu Paste zerstoßen.

Chilipulver, Kurkuma, Currypulver, Bonitoflocken, Reismehl und zwei Eier hinzufügen. Mit den Zutaten im Mörser zu einem Teig vermischen.

Die beiden anderen Eier dazugeben und den Teig auf diese Weise flüssiger machen. In den Deckel einer Kasserolle gießen und die Lauchbündel darin vollständig mit dem Teig benetzen.

In einer großen Pfanne Frittieröl stark erhitzen und die Frühlingszwiebelbündel darin einzeln goldbraun ausbacken. Abtropfen lassen und entweder ganz oder in 5–6 cm Stücke geschnitten servieren.

Wenn Sie die Mengenangaben dieses Gerichtes halbieren, erhalten Sie eine köstliche Vorspeise oder ideale Beilagen für Geflügel und Fleischgerichte.

ZITRONENGRAS-KOCHBANANEN MIT LAUCHZWIEBELRINGEN
Alukesel Lúnu

Zutaten für 4 Personen:
1 EL Zitronensaft
2 große reife Kochbananen
2 rote Zwiebeln
1 Lauchzwiebel
2 Knoblauchzehen
2 rote Chilischoten
2 EL Pflanzenöl
2 Stängel Zitronengras
4 EL Kokosnussfleisch
6 EL Bonitoflocken
$1/4$ Tasse Wasser
10 Curryblätter
$1/2$ TL Currypulver
$1/4$ TL Kurkumapulver
$1/4$ TL Salz

Die Hände mit Zitronensaft einreiben, die Bananen schälen, in 2 cm große Stücke schneiden und beiseite stellen. Die roten Zwiebeln, die Lauchzwiebeln und die Knoblauchzehen klein hacken. Das Grün der Lauchzwiebel in kleine Ringe schneiden und beiseite stellen. Die Chilischote entkernen und klein hacken, in einer großen Pfanne oder im Wok Pflanzenöl erhitzen, die Chilischote anrösten, Zwiebeln und Knoblauch hinzufügen und goldgelb rösten.

Währenddessen die äußeren harten Schalen vom Zitronengras entfernen, die inneren Halme in 5 mm breite Ringe schneiden und in die Pfanne geben.

Das Kokosnussfleisch raspeln und Bonitoflocken hinzufügen.

Kochbananen mit einem Holzspachtel unterrühren und mit Wasser ablöschen. Curryblätter hinzugeben und weitere 4 Minuten vorsichtig rührend köcheln. Lauchzwiebelringe, Currypulver, Kurkuma und Salz dazugeben, weitere 2 Minuten simmern lassen, dabei ständig aber vorsichtig wenden.

Auf Teller geben und servieren. (Sollten die Bananen unreif sein, müssen 5 Tassen Wasser und 2 Esslöffel Rohrzucker hinzugefügt werden. Die Garzeit verlängert sich dann um das Vier- bis Fünffache.)

OKRA-CURRY
Bandakka Hodi

Zutaten für 4 Personen:
300 g Okras (5-6 cm lang)
1 EL Tamarindenmark
1 Tasse Wasser
1 cm Zimtstange
1 EL Dillsamen
$1/2$ TL schwarze Senfsamen
$1/8$ TL Fenchelsamen
$1/8$ TL Bockshornkleesamen
$1^1/2$ TL grobes Salz
3 große reife rote Chilischoten
1 rote Zwiebel
2–3 EL Ghee
6 Curryblätter
400 ml Kokosnussmilch
$1/4$ TL Kurkumapulver
1 EL Bonitoflocken
$1/4$ TL schwarzer Pfeffer (frisch
  gemahlen)

Okras waschen, trockenreiben, Spitzen und Stielansätze abschneiden. Große Okras diagonal in 4 cm Stücke schneiden. Mit einer Gabel mehrfach hineinstechen, damit die Aromen besser durchdringen können.

Tamarindenmark 5 Minuten in einer Tasse lauwarmem Wasser auflösen, zwischen den Fingern zerreiben, durch ein Sieb gießen, die Kerne und Fruchthäute wegwerfen, den Tamarindensaft aufheben.

Zimt über einer kleinen, schweren Eisenpfanne zwischen den Fingern zerbröseln, Dill-, Senf-, Fenchel- und Bockshornkleesamen dazugeben und nicht zu stark trocken rösten. Mit einem halben Teelöffel grobem Salz in einen Mörser geben und fein zerstoßen.

Chilis entkernen, klein hacken und mit einem weiteren Teelöffel grobem Salz im Mörser zerstoßen.

Die Zwiebel schälen und in Stifte schneiden. In einer Pfanne Ghee erhitzen, erst die Okras 2 Minuten lang anrösten, dann die Zwiebeln und Curryblätter dazugeben und weitere 3 Minuten rösten, bis diese goldbraun sind, dabei ständig rühren.

Den Tamarindensaft zu der Gewürzmischung in den Mörser gießen, alles gut umrühren und zu den Okras schütten. Eine Minute bei ständigem Rühren weitergaren.

Kokosnussmilch dazugießen, aufkochen lassen, Kurkuma hineinrühren. Die Hitze stark reduzieren, abdecken und 15–20 Minuten sanft köcheln lassen.

Auf Teller geben, Bonitoflocken und frisch gemahlenen schwarzen Pfeffer darüber streuen und mit Reis servieren.

DESSERTS

ATARUPASE

Zitronen heiß abwaschen, abtrocknen und spiralförmig dünn schälen. Die Schale in 4-5 cm große Stücke schneiden, dann in feine 1 mm breite Stifte schneiden, das Fruchtfleisch auspressen. Die Zitronenstifte in einen Topf geben und so viel Wasser hinzuschütten, bis die Stifte bedeckt sind. Kardamomkapsel und Chilipulver hineingeben und 15 Minuten kochen. Zitronensaft und Rohrzucker hineinrühren und warten, bis die Flüssigkeit verkocht ist.

BANANEN MIT KONFITIERTEN ZITRONENSTIFTEN
Kessel embula

Zutaten für 4 Personen:
2 Zitronen (unbehandelt)
2 Kardamomkapseln
$^1/_4$ TL Chilipulver
3 EL Rohrzucker
2 Bananen (vollreif)
1 EL Ghee
30 ml Arrak

Währenddessen die Bananen schälen, halbieren und in einer Pfanne mit heißem Ghee von beiden Seiten braun braten. Je eine Hälfte auf einen Teller geben.

Sobald die Zitronenstifte beginnen, am Topfboden zu kleben, vom Feuer nehmen und mit einer Pinzette auf die Bananenhälften drapieren.

Abkühlen lassen und mit Arrak überträufeln.

Unbedingt ungesalzene Cashewnusskerne verwenden! Falls nur gesalzene erhältlich sind, müssen diese vorher über Nacht in viel Wasser eingeweicht werden.

Cashewnusskerne auf ein Backblech geben und mit Chilipulver bestreuen. Den Backofen auf ca. 150 °C erhitzen und die Kerne darin hellbraun rösten. Hin und wieder wenden. (Nicht dunkelbraun rösten, dann werden die Kerne bitter.)

In einen Elektromixer geben und zu Cashewnuss-Mehl verarbeiten.

CASHEWNUSS-EISCREME MIT RAMBUTAN
Kaju Icecream Saha beli

Zutaten für 8 kleine Portionen:
200 g Cashewnusskerne
  (ungesalzen)
1 Msp. Chilipulver
250 ml Milch
250 ml Sahne
4 Eigelb
125 g Puderzucker
8 Rambutan-Früchte
  (ersatzweise Litschi)

In einem mittelgroßen Topf die Milch aufkochen und abkühlen lassen, bis sie lauwarm ist.

Sahne steif schlagen und in die Milch geben. Eigelb und Puderzucker in eine Rührschüssel geben und mit einem Schneebesen zu einer cremigen Masse schlagen. Zur Milch-Sahne-Mischung in den Topf geben. Auf kleine Flamme setzen und unter ständigem Rühren mit einem Schneebesen erwärmen (nicht kochen!). In eine Schüssel geben und weiter mit dem Schneebesen rühren, bis die Masse erkaltet ist. Die Schüssel mit Küchenfolie abdecken und ins Tiefgefrierfach stellen.

Alle 30 Minuten herausholen, anfangs mit dem Schneebesen, später dann mit einer Metallspachtel gut durchrühren und auf diese Weise die Eiskristalle zerstören. Diesen Prozess erst beenden, wenn das Eis eine cremig feste Konsistenz hat.

So kann die Cashewnuss-Eiscreme verschlossen einige Tage im Kühlschrank aufbewahrt werden.

In einem kleinen Topf Wasser zum Kochen bringen. Die Eiscreme aus dem Kühl-schrank holen, einen großen Löffel in das kochende Wasser tauchen und mit ihm je ein kegelförmiges Stück aus der Eiscreme herausholen.

Zum Servieren Rambutan- oder Litschi-Früchte so aufschneiden, dass zusammen-hängende Scheiben aus Fruchtfleisch, Kern, Stiel und Außenhaut entstehen (siehe Abbildung).

Die Eiscreme auf Teller geben und mit Rambutan oder – wie auf unserer Abbil-dung – mit Litschi-Scheiben dekorieren.

KOKOSPUDDING
Watalappan

Zutaten für 4 Personen:
4 Kapseln Kardamom
  (ergibt $^1/_2$ TL Samen)
1 cm Zimtstange
250 g Kithulpalmzucker
6 Eier
1 Prise Salz
400 ml Kokossahne
$^1/_4$ TL Ghee
1 Msp. Muskatnuss

Kardamomsamen aus den Kapseln holen, Zimtstange zwischen den Fingern zerbröseln und alles in einer kleinen Eisenpfanne trocken rösten, dann mahlen.

In einen Mixer geben, Kithulpalmzucker, Eier und Salz dazugeben und kurz vermixen. Die Kokossahne hineinschütten und erneut vermischen.

Eine halbkugelförmige Form mit Ghee ausstreichen und die Muskatnuss so hineinraspeln, dass sie gleichmäßig an der Innenwand haftet.

Die Mischung aus dem Mixer vorsichtig hineinschütten und mit einem Leinentuch abdecken. Ein diese Form fassendes Gefäß auswählen und entweder einen Bambuskochkorb oder einen höheren Metallring, der die Standfestigkeit der Halbkugel-Puddingform garantiert, hineinstellen. Die Form darauf setzen und Wasser in das

große Gefäß schütten. Der Wasserspiegel sollte ca. 3 cm unterhalb des Randes der Puddingform sein, damit beim Dämpfen kein Wasser in den Pudding sprudelt. Aufs Feuer setzen und 60 Minuten im Wasserbad garen. Abkühlen lassen, 2–3 Stunden in den Kühlschrank stellen und danach auf eine Tortenplatte stürzen. (Ist die Puddingform nicht bis zum oberen Rand gefüllt, sollte ein Teller, der den gleichen Durchmesser wie die Puddingfläche hat, gegen sie gedrückt und auf diesen Teller gestürzt werden. So wird verhindert, dass Risse in der Oberfläche des Watalappan entstehen.)

In Tortenstücke schneiden oder mit einem Faden in 3 cm dicke horizontale Scheiben teilen und mit einem Gebäckförmchen Sterne ausstechen.

ORANGENSUPPE MIT VANILLEEISCREME
Dodansup

Zutaten für 4 Personen:
800 ml frisch gepresster
  Orangensaft
1 gehäufter EL Macis
1 Tasse Wasser
3 Kardamomkapseln
4 Gewürznelken
2 haselnussgroße Stücke
  Ingwer
2 EL Kithulpalmzucker
200 g Vanilleeis

Die Macis in einer halben Tasse Orangensaft einweichen.

Je eine Tasse Orangensaft und Wasser, Kardamomkapseln und Nelken in einem kleinen Topf auf mittlerer Flamme einkochen, bis nur noch 4 Esslöffel Konzentrat übrig bleiben.

Währenddessen den Ingwer schälen, sehr dünn gegen die Faser schneiden und mit Kithulpalmzucker in einem Mörser zerstoßen.

Nelken und Kardamom aus dem Orangensaft-Konzentrat holen und wegwerfen.

Den Ingwer-Palmzucker-Mix aus dem Mörser im Orangensaft-Konzentrat verrühren.

Zunächst etwas von dem restlichen Orangensaft in den Topf mit dem Orangensaft-Konzentrat schütten und durch Rühren auflösen. In ein großes (1 l fassendes) Gefäß füllen. Die Macis mit der Einweichflüssigkeit hineingeben. Die restlichen 600 ml Orangensaft dazuschütten und gut vermischen. In tiefe Teller füllen. Eine Tasse Wasser zum Kochen bringen und einen Halbkugellöffel (zum Ausstechen von Melonenkugeln) darin erhitzen.

Mit dem heißen Löffel und einer drehenden Bewegung Kugeln aus dem Vanilleeis stechen und in die Orangensuppe geben.

CASHEWNUSS-BANANEN-CREME
Kaju Kesselkiri Samage

Zutaten für 4 Personen:
200 g ungesalzene
  Cashewnusskerne
2 reife Bananen
1 TL Zitronensaft
3 Vanilleschoten
2 TL frisch geraspelte
  Kokosnuss
ca. 30 ml Arrak

Cashewnusskerne über Nacht einweichen und mit den in Stücke geschnittenen Bananen und Zitronensaft in einen Mixer geben.

Das Vanillemark aus den Schoten in den Mixbehälter kratzen und Kokosnussraspel dazugeben.

Arrak-Schnaps tropfenweise in die Masse träufeln und zu einer streichfähigen Masse mixen. (Antialkoholiker können den Arrak durch Wasser ersetzen, was der Creme allerdings die Leichtigkeit und eine wichtige Geschmackskomponente nimmt.) Die Masse im Tiefkühlfach leicht anfrieren (ca. 25 Minuten).

Auf Teller geben, mit einer Gabel zu einem Kegel formen und servieren.

Zubereitung der Teigmischung:

Limetten heiß abwaschen, die Schale bis tief ins Fruchtfleisch abraspeln, die verbleibenden inneren Fasern wegwerfen.

Weizen- und Reismehl in eine Schüssel sieben, salzen, zuckern, Kurkuma einstreuen und gut vermischen. Eine Mulde in die Mischung formen, die Eier hineinschlagen und mit einer Gabel zerrühren.

LIMETTENKEKSE
Kokis

Zutaten für 24 Kokis:
2 Kaffir-Limetten
100 g Weizenmehl
150 g Reismehl
$\frac{1}{4}$ TL feines Salz
2 TL Rohrzucker
$\frac{1}{4}$ TL Kurkumapulver
2 Eier
1 Tasse Kokosnussmilch
250 ml Pflanzenöl zum
  Frittieren

Die geraspelte Kaffir-Limettenschale hineinrühren. Nach und nach Kokosnussmilch anschütten und dabei rühren, bis ein gleichmäßiger dickflüssiger Teig entstanden ist. Mit dem Schneebesen gut durchschlagen.

Falls Sie Kokosnussmilch von dickflüssiger Konsistenz verwendet haben und der Teig nur zäh vom Schneebesen tropft, müssen Sie noch etwas Kokosnussmilch hineinschlagen.

Ausbacken der Kekse:

Frittieröl in einem kleinen Wok oder Tiegel erhitzen (es soll etwas Bewegung an der Oberfläche entstehen, aber kein Rauch).

Die Koki-Förmchen (Alternativen siehe Seite 50) untertauchen, bis sie die Temperatur des Öls angenommen haben (das dauert ca. 2 Minuten).

Herausholen und sofort zwei Drittel tief in den Teig tauchen (nicht tiefer, weil sonst ein unförmiger Keks entsteht, der sich schlecht aus der Form lösen lässt). 2–3 Sekunden im Teig halten, damit etwas Teig an den Rändern haftet.

Erneut tief ins heiße Öl tauchen und ca. 4 Sekunden ausbacken, dann beginnen, das Förmchen auf und ab zu bewegen und so den Keks aus der Form gleiten lassen.

Mit einem Essstäbchen im Öl drehen, bis der Koki hellbraun und leicht knusprig ist. Mit dem Stäbchen aufgabeln und auf Küchenpapier abtropfen lassen. Die Gesamtbackzeit beträgt pro Keks ca. 10 Sekunden.

Auch bei richtiger Eintauchtiefe und Vorgehensweise müssen erst 2–3 Kokis gebacken und mühselig mit Hilfe eines hölzernen Gegenstands – z.B. Zahnstocher oder Essstäbchen – aus der Form gelöst werden. Danach hat die Form einen Film, der ein Anhaften des Kekses verhindert und ihn wie gewünscht, schon bei leichten Auf- und Abwärtsbewegungen im Öl aus der Form fallen lässt.

Auf diese Weise einen Koki nach dem anderen backen, abtropfen lassen und abgekühlt servieren.

Kokis werden nicht nur als Süßspeise zubereitet. Verzichtet man auf Zucker und Limettenschale in der Teigmischung, erhält man eine Koki-Variante, die lankische Straßenverkäufer häufig als Snack anbieten.

Den gut durchgekühlten Joghurt aus den Bechern in eine Schüssel geben und mit einem Schneebesen unter Zugabe von kleinen Mengen kaltem Wasser zu einer klumpenfreien Flüssigkeit verrühren. Rohrzucker und Zitronensaft hinzufügen und so lange schlagen, bis das Lassi schaumig wird.

In vorgekühlte Gläser füllen und sofort servieren.

JOGHURT-ERFRISCHUNGSGETRÄNK
Lassi

Zutaten für 4 Gläser (je 185 ml):
4 Becher Vollfettjoghurt
  je 125 g
1/4 l Wasser oder
  6–8 Eiswürfel
2 TL Zitronensaft
3 TL Rohrzucker

Verfügen Sie über einen Mixer, der in der Lage ist, Eiswürfel zu zerschlagen, können Sie auf die Zugabe von Wasser verzichten. Die Zutaten werden dann im Mixer verarbeitet: 6–8 Eiswürfel dazugeben, zerkleinern und schaumig mixen.

Sie können zusätzlich eine Mango oder eine Papaya oder 3 Kakifrüchte in den Mixer geben und erhalten auf diese Weise ein köstliches Frucht-Lassi.

MANGO-JOGHURT
Ambe-Meekiri

Zutaten für 4 Schälchen:
2 Mangos (reif)
1 EL Kithulpalmzucker
1 Prise Muskatnuss
500 g Büffel- oder
    Vollfettjoghurt

Mangos schälen, Fruchtfleisch vom Kern schneiden und mit dem Kithulpalmzucker in einem Elektromixer zu einer Mousse verarbeiten.

In eine Schüssel geben, eine Prise Muskatnuss hineinraspeln.

Mit einer Küchenspachtel den Joghurt so unterheben, dass aber noch zarte Streifen entstehen.

In kleine Schüsselchen geben und kalt servieren.

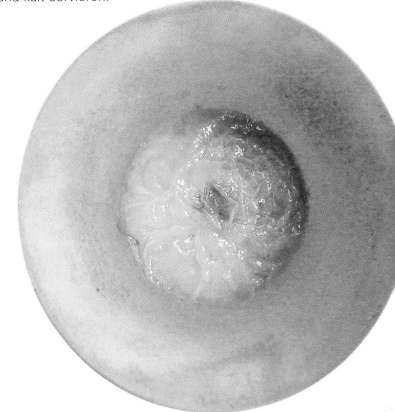

Den Kürbis um den Stiel herum trichterförmig nach innen einschneiden, sodass eine 7 cm große runde Öffnung entsteht; den ausgeschnittenen Deckel aufbewahren. Durch die Öffnung mit einem Löffel die Fasern und Kerne in der Mitte entfernen. Das verbleibende Fruchtfleisch sollte nicht mehr als 2 cm dick sein, sonst dringen die Geschmacksstoffe der Füllung nicht ausreichend ins Fruchtfleisch – andernfalls etwas Kürbisfleisch mit herausschaben.

GEFÜLLTER VANILLE-KÜRBIS
Venilla Wattiakka

Zutaten für 6 Personen:
1 Kürbis (ca. 15–20 cm Durchmesser)
1 kleine grüne unreife Mango
3 Vanilleschoten
200 g Kithulpalmzucker
1 EL Kokossahne
3 Eier

Die Mango schälen und das Fruchtfleisch mit einer feinen Gemüseraspel raspeln und in einen großen Mörser oder Mixbecher geben.

Das Vanillemark aus den Schoten schaben, mit dem Palmzucker, den Eiern und der Kokossahne dazugeben und gut verquirlen.

Das Innere des Kürbis mit Wasser füllen und in einen Messbecher zurückschütten.

Die so ermittelte Menge sollte mit der Menge der Füllung übereinstimmen, sonst etwas Kokossahne dazugeben und erneut verquirlen.

Die Mango-Vanille-Creme in den Kürbis füllen und 45 Minuten lang in einen bereits heftig brodelnden Dampftopf setzen (der Kürbis darf nicht mit dem Wasser in Berührung kommen, siehe Dämpfen Seite 46.)

Vor dem Servieren den Kürbisstiel-Deckel wieder aufsetzen und erst auf dem Tisch den Kürbis in mondsichelförmige Stücke schneiden.

PALMZUCKER-SESAM-KONFEKT
Thala Guli

Zutaten für 35–40
Sesamplätzchen:
200 g ungeröstete
 Sesamsamen
1 TL Safranfäden
125 ml Wasser
1 Prise Salz
150 g Kithulpalmzucker
2 TL Ghee oder Butter

Sesam in einer großen, schweren Pfanne goldbraun rösten. 2 Teelöffel davon zur Seite stellen (sie werden am Ende des Zubereitungsprozesses auf die Konfekt-stücke gegeben).

Zwei Drittel der restlichen gerösteten Samen in einen Elektromixer geben und zu Pulver verarbeiten, ebenfalls zur Seite stellen.

Safranfäden in einen Mörser geben und zerstoßen. 125 ml Wasser abmessen, davon einen Teelöffel Wasser entnehmen, in den Mörser geben und mit dem Safran zu einer Paste verarbeiten.

Das restliche Wasser dazugeben und die Safran-Paste durch Rühren verflüssigen. In einen mittelgroßen Topf gießen, salzen, auf kleine Flamme setzen, Palmzucker hineingeben und rühren, bis er sich vollständig aufgelöst hat. Jetzt Ghee oder Butter, dann das geröstete Drittel Sesamsamen und die zu Pulver verarbeiteten

Sesamsamen in den Topf geben und sachte kochen, bis daraus eine fast trockene Masse entstanden ist, die aber noch nicht krümelt (Kochzeit ca. 8 Minuten). Diese Masse auf eine Platte, die mit Fett abweisendem Papier belegt wurde, geben, zu einem 5–6 mm dicken Fladen drücken und mit einer Küchenspachtel oder einem großen Messer glatt streichen.

Die restlichen gerösteten Sesamsamen darüber streuen und leicht andrücken. In ca. 2,5 x 3,5 cm große Stücke schneiden, abkühlen lassen und in einer Schale servieren.

Dieses Sesamkonfekt mit intensivem Safrangeschmack ist ein außergewöhnliches Dessert, aber auch zum Tee gereicht ist diese köstliche Verbindung lankischer Aromen ein Erlebnis.

MAULBEERSORBET IN MANGOSCHALEN
Ambepethi

Zutaten für 6 Personen:
1 kg Maulbeeren
1 Tasse Wasser
150 g Rohrzucker
3 Eiweiß
3 Reife Mangos

Maulbeeren von den Stielen befreien und in einen großen Topf geben. Wasser und Zucker dazuschütten. Bei schwacher Hitze 10 Minuten kochen. Vom Feuer nehmen und etwas abkühlen lassen.

Eiweiß steif schlagen und unter die Maulbeermasse heben. In eine hohe Edelstahlschüssel geben und ca. eine Stunde tiefgefrieren. Herausholen und mit einer Gabel kräftig umrühren. Von nun an 2 Stunden lang das Sorbet alle 30 Minuten aus dem Gefrierfach holen und erneut umrühren. Kleine Eiskristalle sind in diesem Sorbet ausnahmsweise gewünscht! Bis zum Servieren im Gefrierfach aufbewahren.

Die Mangos längs um den Kern herum einschneiden und die Hälften gegeneinander verdrehen. Den Kern entfernen, die Hälften mit der Vertiefung nach oben auf Teller legen, das Sorbet aus dem Gefrierschrank holen und in die Mangohälften geben.

REZEPTVERZEICHNIS

Desserts

Bildnachweis:

Alle Fotos Wolfgang Mally außer:

Christiane Daniel: S. 185; Kola Grabitzky: S. 17, 72–73, 90–91, 166–167; Barbara Klahr: S. 127;

Jutta Langreuter: S. 2, 6–7, 9, 54–55, 68, 108, 112–113, 128–129, 186–187; Peter Thoma:

S. 28–29, 32, 51, 52, 65, 71, 134, 138–139, 169.

www.collection-rolf-heyne.de

Copyright © 2005 der deutschen Ausgabe by Collection Rolf Heyne GmbH & Co. KG, München

Alle Rechte, insbesondere das Recht der Vervielfältigung und Verbreitung, vorbehalten. Kein Teil des Werkes darf in irgendeiner Form (durch Fotokopie, Mikrofilm oder ein anderes Verfahren) ohne schriftliche Genehmigung reproduziert oder unter Verwendung elektronischer Systeme vervielfältigt oder verbreitet werden.

Umschlag- und Buchgestaltung: Hauptmann und Kompanie Werbeagentur, München – Zürich

Layout und Satz: Elisabeth Petersen, München

Litho: Lorenz und Zeller, Inning

Druck und Bindung: Polygraf Print, Presov

Printed in Slovakia

ISBN 3-89910-248-7

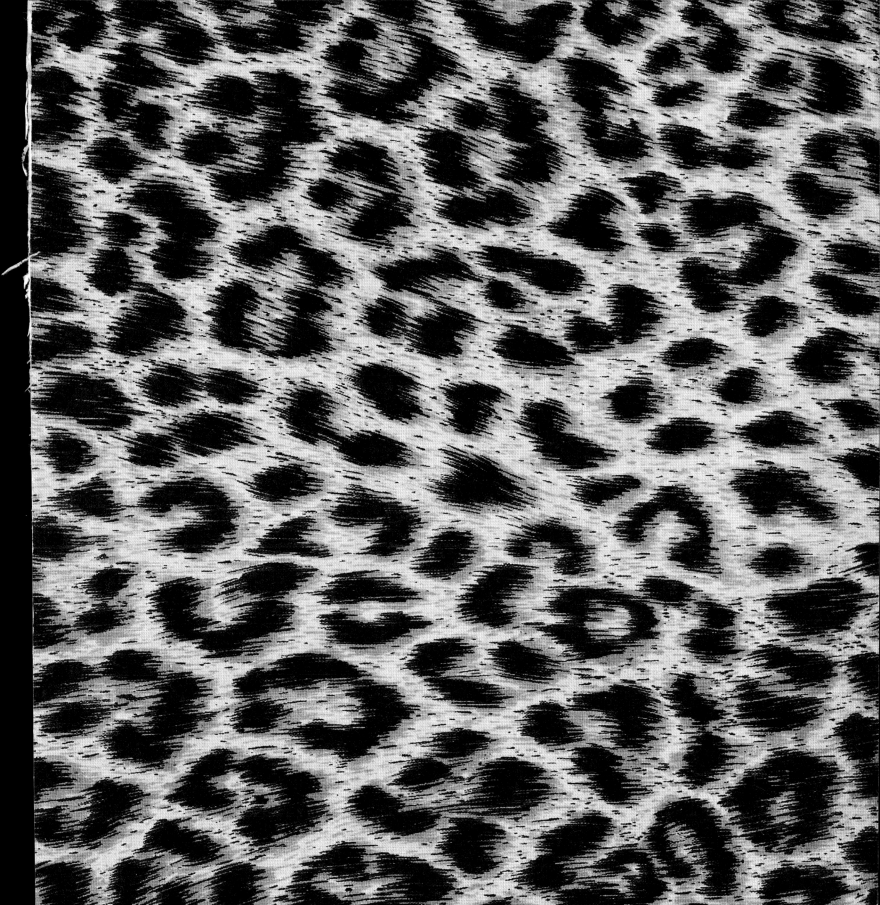

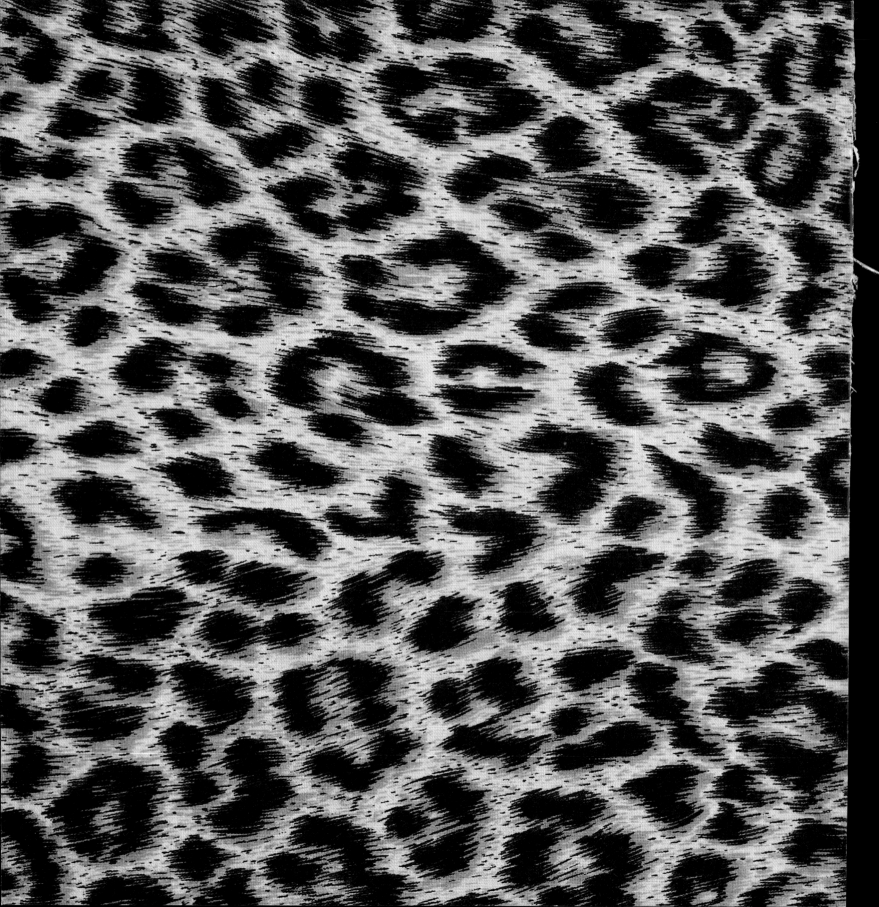